Leaves
Publishing

根 以讀者爲其根本

莖 用生活來做支撐

葉 引發思考或功用

果 獲取效益或趣味

人生的8顆鑽石

周鈞◎著

忘憂草ORANGE DAYLILY

人生的8顆鑽石

作　　者：周　鈞
出 版 者：葉子出版股份有限公司
發 行 人：宋宏智
企劃主編：鄭淑娟
行銷企劃：汪君瑜
內頁繪圖：Raywings
美術設計：小題大作
印　　務：許鈞棋
專案行銷：吳明潤、張曜鐘、林欣穎、吳惠娟、葉書含
登 記 證：局版北市業字第677號
地　　址：台北市新生南路三段88號7樓之3
電　　話：（02）2366-0309　　傳真：（02）2366-0313
讀者服務信箱：service@ycrc.com.tw
網　　址：http://www.ycrc.com.tw
郵撥帳號：19735365　　　　戶名：葉忠賢
印　　刷：鼎易印刷事業事業股份有限公司
法律顧問：北辰著作權事務所
初版一刷：2004年12月　　　新台幣：250元
I S B N ：986-7609-47-6

國家圖書館出版品預行編目資料

人生的八顆鑽石 / 周鈞著. -- 初版.
--臺北市：葉子, 2004[民93]
面；　公分. -- （忘憂草）
ISBN 986-7609-47-6（平裝）
1. 人生哲學-通俗作品 2. 生活指導-通俗作品

191　　　　　　　　93022168

總 經 銷：揚智文化事業股份有限公司
地　　址：台北市新生南路三段88號5樓之6
電　　話：(02)2366-0309
傳　　真：(02)2366-0310

※本書如有缺頁、破損、裝訂錯誤，請寄回更換

自序

揚起智慧之帆，迎向人生的挑戰

人生猶如航行在大海中的一葉小舟，

唯有揚起智慧之帆，撐起舵，選定目標與方向，

才能躲過狂風暴雨，破浪前進！

記得幾年前，因為電腦有千禧蟲作怪，有人預言，在跨世紀的時候，很多大型電腦會出現問題，發生世紀的災難；也有許多人憂心忡忡地擔心發生戰爭，甚至悲觀地認為世界末日將要來臨。然而我們現在平平安安地跨過這個千年世紀，回想過去，我們不禁莞爾一笑。其實人們不都一直是如此嗎？在不同的時代背景中，總有些人過分地誇張，過分地杞人憂天，然而現代人受外在影響實在太多，有多少人能夠真正無畏無懼，不受外在世界的影響而悠然自得呢？

我想這大概都是受了資訊媒體太過發達的影響吧！畢竟科技發達所帶來的資訊便利，對人們的生活產生了很大的衝擊。打開電視、報紙或雜誌，車禍、搶劫、擄人勒贖、社會暴力，各種恐怖事件層出不窮，每天我們會看到很多令人痛心的社會問題；這些種種現象都會讓我們感到惶恐不安，生活無所適從。可是我們要怎樣看待與面對這些現象與問題呢？

●● 以常「無」的心態面對世界的變化

其實中國的哲學家老子，在上古年代，就提供了我們很好的方法，他認為我們要以常「無」的心態去面對世間萬物的改變，靜觀世界的變化與奧妙。

道可道，非常道。名可名，非常名。無，名天地之始，有，名萬物之母。

故常無，欲以觀其妙；常有，欲以觀其徼。此兩者，同出而異名，同謂之玄。

玄之又玄，眾妙之門。……～～老子《道德經》

如果我們總是拿過去發生的事情，來預期或想像未來也會同樣發生，那麼我們自然會有很深的失落感；如果我們總是以別人成功的經驗，也一味地拿來當作自己努力的法則，那麼我們可能會面臨很多挫敗。想想看，在生活中，您是否也有太多的假設與期待？總是假設經濟情況會好轉，於是期望自己買的股票能夠大賺錢，員工期待老闆加薪，老闆期待員工多加班，不計較薪水或福利。可是當這些假設與期望都不能達到的時候，我們當然會失望與難過，我們當然會不適應與感嘆了！

●● 「*無為*」乃是千古不變之法

不過若是心中無期待，那麼我們又應該以什麼為依歸呢？不就又更載浮載沉，在人群中隨波逐流了嗎？所以老子也說：「道可道，非常道。」如果這是一個簡單可以講出來的道理，那就不是什麼大道了。同樣地，很多成功的人，常常會應邀談及他成功之道，可是成功的人，通常是以現在來解釋過去，這好像在談歷史、在談經驗，可是一般人需要的是以現在來看未來，以現在來掌握未來的方法，這需要很大的智慧，也是一項很大的挑戰。

我也曾為了老子「道可道，非常道」的哲學，常常不得其解，既然是一個不能用言語所形容描繪出來的大道，那不是要我們自己去暗中摸索，瞎子摸象嗎？於是開始有了自己哲學方向的思考，時而冥想，時而發呆，看到社會奇奇怪怪的現象，也常常問自己為什麼？看到別人開開心心的，也問自己為什麼？看到路上有人在吵架，也問自己為什麼？看到社會經濟衰退、治安惡化，也問為什麼？因此也有一陣子，相當迷惑，為了很多問題不得其解。

直到有一天，看老子所說的「無為而無不為」幾個字，才若有所悟。原來「無為」才是那麼寓意深遠，我們今天不都一直是想要「有所為」，然而卻不能「有所為」，因此我們生活上總是為了那一個我們自認的「有所為」而苦嗎？有的人為了要賺到他的第一個「一千萬」，每天奔波忙碌，弄得身心疲憊；有的人為了想要獲得美國公民，因此每年得花上十幾萬的往返機票錢，去做移民監；有人為了讓自己成為業績第一名的業務員，每天有拜訪不完的客戶，應酬喝酒。所以我們不常常都是為了

「執著」，而放不下，為了「有所為」而為，可是當我們被那「有所為」的枷鎖套住以後，我們的思想、我們的行為、我們的生活、我們的人生，都會變得硬梆梆，死板板的了。

因此想通了這一點，我開始試著以不同的心情去看自己的生活，對於社會上的種種現象與問題，比較能夠以寬容的角度去接受，也了解到世間萬事萬物，也不盡然是二分法所能定論的。這個世界也不是只有善與惡，好與壞，美與醜，成功與失敗，還有很多很多可能的情況，更沒有所謂的絕對，沒有所謂的唯一。

也因為能將「自我」放下，將視野放寬，這時候，我才發現「無為」，我們才能將自己姿態放低，心情放輕鬆，眼光放遠大，不爭長短，不求強弱；也因為老子的「無為」，老子的「道可道，非常道」，讓我不得其門而入，只有靠自己去思考，自己去判斷，才漸漸由迷霧中驚見一道曙光；由雜亂的思維中理出一條頭緒，調適自己，適應環境，悟出自己的生活哲學。雖然這是一條漫長的路，而且也是一條未完的路，但我相信，新時代科技更發達了，知識更普及了，大家也看得更多，聽得更多，但是我們要「無為」，不被那固定的框架給局限住，我們一定要多用我們的頭腦，多去思考，最後悟出自己的想法與見解。而這也就是老子所說的「道」吧！能這樣生活，才能真正「放下」，才能輕鬆。

●● 亮麗人生的八顆鑽石

總括來說，我覺得人生要過得精采，自由自在，盡興得意，總脫離不了健康、家庭、財富、科學、藝術、宗教、哲學與學習這八件事，如果能將這每一件事，掌握得宜，就會像璀璨的鑽石一樣，帶給人生許多光亮，即使有時遇到艱難險阻，也都能逢凶化吉，更進而往自己的目標與理想邁進，將人生與命運之舵，掌握在自己的手中。

比如說，我們有了健康的個人，可是沒有一個美滿的家庭，那麼對我們個人來說就會有一種缺憾；我們追求財富，可是不懂得修煉自己的心靈，那麼容易走火入魔，錢財便會成為萬惡的來源；我們談宗教，可是不懂科學，那麼宗教很容易成為

一種迷信;我們求學問,沒有哲學的思維,便不能啟發出智慧,那麼空有學問也不能學以致用,而終究是一門死學問。

　　相反的,我們有美好的家庭,可是健康出了狀況,那麼我們的家庭可能破碎;我們有從崇高的理想,可是沒有財富的支持,理想就容易淪為一個虛而不實的夢想;我們追求科學發展科技,可是如果沒有宗教的信仰,沒有宗教的引導,科技可能會走火入魔,帶來毀滅;我們有哲學的思維可是卻沒有做學問的精神,不能實事求是,那麼哲學可能會成為一種不切實際的空談。

　　其實人生本來是一個圓,從出生的那一剎那開始,這個圓便開始運轉,然而受到因果循環、外物外力的影響,這個圓開始有了缺口,有了破損,甚至停止了運轉。而我們個人受限於智慧與學問,受限於視野的角度,我們往往找不到這些人生的缺口,只有任憑這些缺口繼續擴大。因此我們要知道人生是一門博大精深的學問,只有不斷的學習、不斷的思考,有時轉換一種角度,來看看人生,您就會看得更遠,或許人生的缺口就隱然若現了;退一步,您就會發現原來人生是海闊天空的。我們要讓人生的圓運轉起來,就必須用自己的雙手去盡力推轉,否則人生的圓往往滾不到盡頭,就停擺了。因此健康、家庭、財富、科學、藝術、宗教、哲學與學習,這些事情其實與我們人生是息息相關的,缺少了任一項,人生就會殘缺不全了。

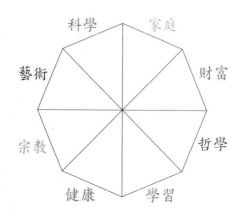

在過去的幾年中，由於我一直在科技產業，或是在學校教授電腦相關的課程，這些明星科系與產業，雖然是大家關注與羨慕的焦點，然而科技、電腦與網路，也讓現代人常常迷失在虛幻的世界裡無法自拔！在這本書中，我舉了不少這幾年發生在筆者生活周遭的一些故事，而這些事情相信也曾同樣地發生在您的生活當中，但筆者希望藉由不同的角度來觀察這八件事的相互關係，只有當我們更清楚科技的本性，回歸自然，增加人文藝術方面的修養，用一顆更寬容、更理性的心態來面對外在科技、環境的變化與影響；如此我們才能開創一個更豐富、更美好的人生。筆者不才，未能將全書以更有系統的方式作深入與整體的介紹，但希望藉由標題短文的方式，讓讀者能以輕鬆的方式閱讀，進而拋磚引玉，讓我們能對人生有一些更積極的態度與省思。

周 鈞
2004 年 11 月 27 日

人生就像一幅畫，而我們就是那執筆的畫家，
也許您不需要很多色彩，
可是您卻可以畫出一幅色彩鮮豔的美景出來！
您也許不需要一幅很大的畫框，
可是您絕對可以取一個視野寬廣的角度！

目錄 Contents

Contents

Part❶〔健康篇〕

擁有健康，才能享受人生

健康的生活，是一種快樂的生活，

它不在於有錢，有權，

最重要的是要知道如何去栽培心中

那顆快樂的種子。

活著真好
—— 擁有健康，人生才有希望

　　健康是一切的根本，我想這是大家都知道的事情，只是很少有人把健康當做一回事，在生活中，總是想著要如何追求事業、財富，追求權勢、名望，可是也往往因為這樣而失去了寶貴的健康。

　　記得幾年前，曾經去醫院看過一位同學，因為得到B型肝癌末期。醫生說最多活不了一年，他的母親非常焦急，到處尋訪名醫，希望能求得一線希望。可是當我看到他的時候，也直覺得認為他的希望不大了！瘦弱的身軀，憂鬱的面容，讓我實在很難想像，以前在學校時擔任籃球校隊意氣風發的情形。

　　同學見著我的時候，非常高興，可是卻也強忍不住心中的淚水，頓時從眼角滲了出來。他告訴我說，現在最放不下心的就是父母、妻子與才一歲大的兒子，可是一切都太遲了！他從學校畢業後，就開始在餐廳打工，可能當時年輕，比較貪玩，喜歡喝酒抽煙、熬夜打牌，後來與朋友合夥做生意，喝酒應酬的情形更為嚴重。直到有一天夜晚開車回家，在路上因為太累，結果打瞌睡，一不小心撞上停在路邊的一輛汽車，送進醫院檢查身體，這時，才發現得了肝癌。

　　幾年前有一個知名的歌手薛岳，不知道大家還有沒有印象，最後告別演唱的那一首歌「如果還有明天」更是活生生地告訴我們，健康是多麼重要！

一位五十幾歲的西藏老先生告訴電視的採訪記者，他沒有什麼值得驕傲的事，如果有的話，就是身體很健康，他準備一步一叩首，走到西藏拉薩去朝聖。後來記者問這位老先生要走多久？老先生信心滿滿地說，一年半吧！這讓我覺得，有了健康真是一切的根本，任何偉大的計畫與理想，才有機會實現。

　　幾年前，台灣遭逢九二一大地震，一位被瓦礫掩埋了五天後獲救的先生表示，他是靠著意志力存活下來的，他說：「活著真好，遭逢生死關頭，如今重生，他要珍惜上帝所賜給他的每一分每一秒。」

　　所以活著就是一切，只有活著才可以享受人生，不論是欣賞青山綠水的美景，或是完成雄心壯志的理想，都要有健康的身心。否則病了！那怕窗外有隻小鳥在高歌，可能都會嫌它吵。人生只有一次，而健康更是無價之寶，只有健康才是豐富人生的開始。

富翁與乞丐的憂慮

—— 健康是通往快樂人生的必經之路

　　有一次乞丐和富翁在一起，他們一個因為很窮困，所以總是不快樂；一個則因為身體不健康，老是要靠藥物來維持生命，所以生活也很苦悶。乞丐雖然每天靠乞討維生，但因為身體還算健康，所以沒有什麼好煩惱的，唯一不滿意的是身邊沒有錢，總是羨慕有錢人，可以吃喝玩樂。富翁雖然家財萬貫，在地方上呼風喚雨，人人都怕他，可是身體常常病痛，苦不堪言。

　　有一天，他們不約而同的來到神廟之前，祈求神明。乞丐就說：「神啊！只要您能讓我富有，我什麼都答應。」而富翁也說：「神啊！只要我的病，能康復，我也什麼都答應。」後來神明聽到了兩人的祈禱，就說：「好吧，那麼我將把您們的身分互換，如果您們願意，只要點點頭，就可以了。」可是富翁心想，我怎麼可能去當乞丐呢？以我的身分地位，我死也不願去做乞丐。而乞丐心裡也想，我就算當了富翁，我也不願意天天受病痛的折磨。結果，不一會兒，兩個人就逃離了神廟，繼續過著以前的生活。

　　或許很多的人，就像上面故事裡的富翁與乞丐一樣，擁有財富的，往往身體不健康，而擁有健康的，卻往往又沒有錢。而人生常常就在這樣的情況下，憤恨不平，無法快樂，老是羨慕著別人，可是卻不懂珍惜自己所擁有的。健康與財富是許多人一生都想要追尋的目標，但往往天不從人願，只有少數人有如此福氣可同時享受。

其實健康與財富也並非不可兼得，只是我們往往心裡想著財富，每天在事業上賣命，總以忙碌為理由，忽略自己的健康。結果幸運者，或許財富是追求到了，可是卻丟了健康；有些運氣不好的，不僅財富沒有追求到，連自己的健康都賠上了。有一次看到一則新聞，有不少年輕的女子，出賣自己的青春，甘願到風月場所，陪酒賣笑，雖然可月入數十萬，滿足自己的物質虛榮，然而在金錢與物質的誘惑下，這些女子往往都沒有好下場！不是酗酒、毒癮纏身，再不然就是積欠賭債，等到年紀稍長，美貌不再時，最後只有流落私娼，靠著出賣靈肉的日子過活。我想人生落得如此下場，真是很可悲！

　　其實「生死有命，富貴在天。」一個人的生與死，貧窮與富貴往往是天註定的，我們不需太強求，可是健康卻是掌握在我們自己手裡的。而大多數人的不健康，往往都是自己不注意，過分的享樂與自我放縱所造成的結果。相反的，有了健康的身心，努力創造自己的價值，要擁有財富，也並非不可能，像當年的林百里，王永慶，他們不也都窮苦過，靠著自己不斷地努力，一步一腳印，慢慢建立起自己的事業，最後才能成功，成為企業家的典範。

　　所以健康絕對是財富的根本，但是我們也不得不小心，貪求無厭所追求得來的財富，往往也是埋葬自己健康與幸福的墳墓吧！

健康是自然的外在

—— 健康是一種身心的修煉，然而它以「自然」為基礎

　　談到自然，總是讓我想起老子講的許多故事，他勸人要表現柔弱，不要逞強，要大智若愚，不要太過彰顯自己的聰明。所以老子在他的《道德經》裡，不斷強調「無為」、「無我」、「無欲」、「居下」、「自然」，其中他認為最偉大的就是「自然」，不僅認為「自然」是我們人生所應遵循的法則，更是「道」的依歸。所以老子在《道德經》第二十五章〈混成〉篇中說：「人法地，地法天，天法道，道法自然。」這句話的意思是說，人靠大地的滋養，受了大地的恩澤，所以應該敬畏大地，以大地之運行為生活的依歸，而大地受天的覆蓋，日出日落，春夏秋冬，才能化育萬物，所以「大地」時時刻刻都以天為運轉的法則；而天之所以能周而復始，川流不息，年復一年，它便有一個運行不移的大「道」，所以天又以「道」為依歸，而「道」是宇宙天地萬物之母，它是「無為」的，從「無」到「有」，最後又從「有」到「無」，呈現一種「自然」的狀態，所以「道」又以自然為依歸。

　　談到這裡或許您會有點迷惑，不過沒關係，「自然」既然是一切的依歸，那麼我們就不必太費心，想太多反而會讓我們鑽入死胡同。其實自然，就像人一樣，在嬰兒時期，雖然懵懂無知，然而卻是最純真的，是一種「無」的狀態；可是年紀稍長，我們就失去了這種赤子之心，追

求財富，名利權貴，所以是一種「有」的狀態；可是人到老了，耳目皆昏，迷迷糊糊的，就像剛出生的嬰兒，所以又回到「無」的狀態。然而這一個過程，便是一種自然。所以「自然」就像我們呼吸一樣，我們不會去煩惱它。同樣地，魚游在水中，鳥飛在空中，日出日落，春去秋來，也都是「自然」的一個表象，我們不會認為這有什麼特別，而這就是「自然」。所以「自然」包容了一切，而違反「自然」的事物，那麼就會出現許多問題。

那健康與自然又有什麼關係呢？我想人體是一個小宇宙，能合乎「自然」的，就能合乎健康，健康必須要以自然為準則。舉例來說，我們吃的食物，如果能夠取之於自然，不加以人為的處理，就像其他生物一樣以大地的食物為生，那絕對是合乎健康的，所以近幾年，有越來越多的人崇尚素食主義、有機飲食。抗癌專家林光常醫師認為：這樣或許還不夠，如果能盡量生食蔬菜水果，不添加任何人工的佐料，那麼就會更健康。相反地，透過人工包裝處理，精緻調味的美食，因為有了人為的作用，完全脫離了自然的法則，那麼要吃得健康，恐怕很難，所以健康與自然有其絕對的關係。不過廣義的健康，還包括心理的健康。那麼心理的健康，又與自然有何關係呢？樂聖貝多芬就曾說：「自然是陶冶心胸的偉大學校。」當人們置身於大自然之中，看那宇宙星辰之無極，日月山河之壯闊，湖泊河川之暢流不止，我們才會感覺自身的渺小，感嘆人生之短暫。那麼當我們在人生旅途中，遭遇到許許多多之不如意或挫折時，自然能夠以較坦然的心情面對，更能把握當下，珍惜所擁有之事物，所以健康是自然的外表，而自然是健康的內在，唯有追求「自然」之道，才能擁有健康的身心。

「心」的運動

—— 人要動，心也要動

　　運動是增加我們身體代謝功能的最好方法，不僅可消耗我們身體多餘的熱量、脂肪，還能夠常保青春活力，對我們是百利無一害的。現代人常常在電腦螢幕前坐立過久，若是長年缺乏運動的話，很容易導致痔瘡，或是靜脈曲張以及心血管等方面的疾病。

　　抗癌專家林光常醫師就建議：一天運動的最佳時間是清晨與黃昏，早晨的運動一般而言不宜過久，或是過於劇烈，以免影響一天的工作精神。例如做做健身操、散步、爬山等等，黃昏的運動則以全身的運動為最佳，如此可以完全消耗掉一天剩餘的熱量，促進新陳代謝作用，對於夜晚的睡眠也是有幫助的。此外林醫師還鼓勵我們平時能多赤腳到綠色的草地上走走，因為平時在我們的生活環境當中，身體經常會暴露在充滿電磁波的環境中，例如電視、電腦、手機等等的輻射線，都會使我們的身體吸引許多正離子，正離子過多，會使我們的身體成為弱酸性的體質，酸性體質則容易導致癌症發病的機率。假如我們平常每天在綠色草地上，赤腳走上三十分鐘，草地可

以讓我們身體吸收負離子，釋放出身體上的正離子，如此可以大幅降低罹患癌症的機率。

　　記得從高中時代開始，我就喜歡慢跑，因為那時候每天要應付一大堆的功課，實在沒有太多的時間去運動，但是不運動似乎又覺得全身虛弱缺乏精神，於是一有空便利用時間慢跑，一來因為慢跑不會佔去我太多的時間，二來慢跑也是一種很有效率的全身運動。後來到了美國唸書，也一直保持了這個習慣，尤其在夕陽西下時，到美麗的湖邊慢跑，除了可欣賞湖邊風光，更有許多身材健美的洋妞陪伴，真是人生一大享受。而常常跑步的結果，讓我養成了不錯的體力與耐力，記得每次跑步的時候，便會要求自己要跑完固定的里程數，可是往往跑到一半，身體便開始感覺疲倦，也常常會興起休息的念頭，可是想想既然已經下定決心要跑完才可以休息，於是只好咬著牙，慢慢地跑完全程，也因此培養了不錯的毅力與耐力。

　　有一本醫學雜誌研究也指出：現代人運動時間過少，可是花在看電視的時間卻過多。調查還發現，現代人平均一天至少看一小時以上的電視，可是花在運動的時間卻不到二十分鐘。

　　一位醫生也表示運動可以讓身體細胞充分進行有氧呼吸，吸收水分，排出二氧化碳。但是現代人很多都是在室內利用健身器材運動，可是室內空氣通常比較差，而眼睛也無法將視覺放遠，在心情和精神上都不如室外運動的效果來得好。而健康的運動，除了真正讓身體動起來之外，也要讓「心」動起來，也就是心情能夠放輕鬆，與外界互動，比如說爬山，就可以聽蟲鳴鳥叫，欣賞青山綠水，心情也活動了起來，這才算是真正達到全身的運動。

一生的煩惱

—— 心寬自然快樂，而煩惱總是自找

　　從前有一個婦人因為被丈夫拋棄了！認為很丟臉，每天就躲在家裡，那裡也不敢去，心情很煩悶，日子久了身體也常常感覺不舒服。有一天，這位婦人去見一位醫生，醫生對她說：「妳的病情，很複雜，可能需要見位神醫，他住在很遠的鄰村，只有他才能將妳的病治好。」婦人聽了心情很沉重，心想自己一定是得了嚴重的病症，才需要去見神醫。走著走著，經過一座橋，一時想不開，便想跳河自盡，可是這時候在橋上卻有一位穿著邋遢的老人在那裡唱歌，老人雖然看見婦人想跳河，可是仍然不以為意，對這位婦人像是沒見到似的。

　　婦人就對老人說：「我都不想活了！您為什麼還唱歌唱得這麼高興呢？」

　　老人說：「我唱歌是因為我心情好，而我心情好是因為我什麼都沒有。」

　　婦人聽了更奇怪：「您什麼都沒有，這麼窮困，為什麼還會心情好？」

　　老人又說：「我年輕的時候，有位漂亮的老婆，可是我每天都要擔心她被別的男人給拐跑，我很努力地工作，所以我賺了很多錢，可是常常要為我的兒子擔心，怕他把我的家產給敗光了！現在我什麼都沒有，什麼也不用擔心，心情當然好囉！」

　　婦人聽了覺得也有些道理，於是就打消了自殺的念頭，決定去鄰村找神醫治病。這位婦人花了很多天，終於到了鄰村，她向村民打聽神醫的下落，可是村民卻說：「我們這裡的人，生活富足安樂，從來不生病，又為何需要神醫

呢？」這時婦人才恍然大悟，其實真正的神醫，是當初叫她去尋找神醫的那位老醫生。而婦人也發現，她一心只想找到鄰村的神醫，但經過這幾天的旅途，以前的那些不愉快，全都拋在腦後，而現在身體什麼病痛也沒有了！

當我們心中老是想著我們所失去的東西，我們永遠也不會快樂，而身、心、本來就是相通的，沒有好的心情，就不可能會有健康的身體。相反地，久病不癒，心情要愉快也是不可能的，可是如果我們平時在面對困難或挫折時，能夠調整我們的心念與想法，換一個角度看事情，或許很多我們放不下，看不開的事情，都可以拋開了！所謂「退一步則海闊天空」，而當我們的心理開始轉變的時候，生理也會跟著轉變與調整了！因此我們不但要常常保養愛惜自己的身體，同時也要時時保持愉快的心情。

然而要有愉快的心情，就是少煩惱，邱吉爾曾說過：「如果我碰到煩惱時，我就會想起一個老先生在臨終時說的一句話。他說大半輩子他都活在煩惱中，可是大部分他所煩惱的事，卻從未發生過。」所以放下心中的包袱，珍惜身邊所擁有的事物，努力活在當下，勇敢面對未來，人生才會真正豐富與滿足，況且人生難免總會遇到挫折與困難，如果凡事都往壞處想、往壞處看，那麼人生永遠不會健康與快樂。

小豆苗也有壓力

—— 壓力不是阻力，挫折反而是人生成長的動力

　　有一個人經營水產養殖，一箱箱的四破魚，運到日本時常常死了一大半，儘管大家想盡種種辦法，增加打空氣的設備或改善溫度，可是存活率仍然還是很低。後來經專人指點，放入鯰魚後，運到日本的四破魚，竟然只有幾隻死亡，其餘的均奇蹟式地存活了。

　　然而這就是大自然生態奧妙之處，鯰魚是四破魚的天敵，您或許會認為，這樣不是讓情況更糟嗎？可是當四破魚與天敵共處時，警戒心倍增而求生之慾望也被激發出來，全力抵抗鯰魚的威脅侵擾，也因此增加了對運送過程的適應力，存活率自然大為提高了！

　　另外一個也常被人提到的例子就是「同樣是種豆芽菜，為什麼菜市場賣的，就比自家種的堅挺壯碩，爽脆可口？」其秘訣就在於一塊砧板，農夫都知道在種豆芽菜時，在豆苗上方放一塊砧板，讓豆芽菜受到成長的阻力，而歷經這樣成長過程的豆芽菜，因為受到外界的壓力，所以在成長的過程中，為了要突破壓力，也就特別努力，想盡辦法吸取更多的養分，也因此長得更壯碩。可是相反地，豆芽菜種在家裡時，我們雖然盡心照顧，可是因為豆芽的成長沒有任何阻力，結果反而造成小豆苗漫無方向地徒長，最後不僅枝芽太細嫩，甚至受不了地心引力的作用就折斷了！

　　反觀我們人生的成長過程，不也是如此嗎？翻開那些成功者的歷史，有誰

不是經歷了風霜與努力，最後才受世人的肯定與讚賞。相反地，也有不少人，生長在安穩舒適的環境中，可是仍然不能感到滿意，反而覺得心靈空虛，到處尋找刺激，結果往往反而造成許多悲劇。

所以在人生的成長過程中如果有壓力，對一個人來說，絕對有其正面的意義。只是當壓力來臨時，我們要用何種心態去面對？如果我們能夠以積極而且正面的心態去面對，那麼壓力絕對不是阻力，反而是刺激我們成長的重要元素；相反地，如果我們總是抱持著消極而且逃避的心態，那麼壓力不僅不能幫助我們成長，反而會造成我們許多心理上的負擔與煩惱，這也是為什麼很多現代人常常患有憂鬱症、神經衰弱、躁鬱症的原因了！

其實人生在世，不如意之事，十之八九！可是我們往往會把原因歸咎於自己的運氣不好，或是認為周遭的朋友親人不願意幫助我們，可是，我們如果能換一個角度去思考，那麼人生的不如意，豈不正是我們學習與成長的最好機會嗎？否則就像溫室裡的花朵，不堪一擊，任何的風吹雨打都承受不起。

人生雖然有很多挫折與困難需要去面對與克服，然而能承受壓力、面對壓力，並且打破傳統制式的觀念與習慣，不斷地自我挑戰、自我突破，那麼即使遇到艱難險阻，也一定都能逢凶化吉的。相反地，懦弱的人，面對任何一個簡單的問題，才會想盡各種理由來逃避。所以人生如果沒了勇氣與自信，不敢面對現實與挑戰，那麼人生註定會面臨許多挫折與失敗的。

成功絕不是偶然，然而壓力卻是成功最好的催化劑！

超級瑪莉

—— 接觸大自然，是解放心靈的最佳良藥

　　記得高中時代，非常流行一種電視遊樂器任天堂，後來有一次正巧過年，和弟弟用壓歲錢也買了一台回家玩，那時第一個遊戲就是超級瑪莉，我和弟弟兩人也都為這個電子遊戲感到如癡如醉，一天玩上好幾個小時，甚至到了廢寢忘食的地步！每當通過一個新的關卡，就覺得有一種說不出的成就感。隨著時間過去，超級瑪莉終於在我們兄弟兩人的通力合作下，通過了最後一關。然而，在高興之餘，我們卻有一種失落感，好像電腦與我們之間的對抗與挑戰也隨之消失了！就這樣，高中時代，打電動玩具，似乎成了一項主要的娛樂。

　　當然年輕時，或許不會想那麼多吧！總覺得專注於電玩技巧的練習與操作，要比課堂上的內容來得有趣，有時甚至會去買一本破關密技的書籍來研讀，因為打電動玩具時，可以暫時拋開課業的壓力，進入那虛幻的想像世界。

　　這幾年工作後，電動玩具的演變，也是超乎我們所想像的！如今的電腦遊戲，3D動畫與身歷其境的環場音效，的確娛樂效果十足，然而這幾年，我再也不對電腦遊戲感興趣了！也曾想過，難道是自己成長了嗎？還是注意力轉移了呢？照說現在的電腦硬體與軟體設計，應該會更有趣才對啊！可是我知道，電動玩具雖能滿足我視覺感觀的

娛樂，可是卻很難滿足我心靈上的需求。尤其每當夜深人靜時，我卻更希望聽到一曲蕭邦的鋼琴，讀一首雋永的唐詩，或是看一篇引人深思的文章。我想這種轉變，應該是因為人生的歷練與成長吧！

然而這也突顯出現代人的悲哀！在生活中，往往將自己囚禁在都市叢林，狹隘與紛擾的世界當中，無法自拔。玩著電視、電腦、網路遊戲，然而對於戶外的活動可是卻少有參與，就連工作，逛街購物，也都是在室內完成，週末假日，更有不少人是睡到中午才起床，我們也越來越少有閒情逸趣，去呼吸戶外新鮮的空氣，看看青山綠水、聽聽蟲鳴鳥叫。可是我們得想想，人生如此忙碌是在追求些什麼呢？在盲目追求之後，我們是否失去了更多？

記得小時候，老家後院的小水溝裡，還可抓到很多小青蛙，然而現在，水溝雖然還在，但卻充滿著惡臭與污泥，再也看不到任何小生物了！台灣在夏天，氣溫最高可達三十六、三十七度，似乎沒有冷氣的地方，就快令人熱得發昏，甚至喘不過氣來，大家也幾乎不敢往外跑。可是躲在室內，人們又如何能有開闊的心胸與超然的想法呢？而網路的發達，更讓人們孤獨地躲藏在世界各地的角落，就連人與人之間的互動也都透過了網路與電話，日子久了，思考與情緒難免會容易變得單調與刻板，感情上更容易變得冷漠無情，在夜深人靜時，一種莫明的孤獨感，更會湧上心頭！

就像這幾年，我已很少再去唱卡拉 OK 了！因為我痛恨那曲終人散的孤

寂，以及酒酣耳熱的言不及義。因為我覺得，人與人之間的相處，需要的是空間和時間的歷練，才會生出熾熱的情感與真心。這幾年，社會人性的迷失與道德的淪喪，我想以數位科技為首的娛樂，應該是罪魁禍首吧！當我們的下一代子女在電玩中打打殺殺，在網路上隨處可見到暴力色情的影音圖片，那麼我們還能指望他們心中充滿一片祥和與平靜嗎？

相較於我們成長的年代，我們是幸福太多了！記得青少年時期，我常可帶著相機，騎著單車，到海邊等待落日的餘暉，捕捉剎那間的永恆。如今回想起來，那種滿足與美麗的回憶，我想在數位世界中，我是從未曾找到過的。

雖然，數位娛樂取代了許多傳統的娛樂，可是卻很難取代傳統的娛樂在我心中的地位，如果將來兒子稍長，我一定會陪著他，到後山去抓抓知了、捕捕蜻蜓、放放風箏。因為我相信數位時代，生活的空間已經相對的縮小了！如果連可以解放我們心靈的大自然也不去接觸，不去享受，我真想不出人生活著還有哪些樂趣呢？親愛的朋友，關掉您的電腦或電視，到戶外去走走吧！相信您絕對會有意想不到的收穫！

人工心臟

—— 科技可以延長生命，但卻始終無法創造健康

　　在報上看到一則新聞，提到美國科學家為一名心臟病患者植入世界上第一顆可以完全代替心室功能並且能完全植入體內的人造心臟，這顆人工心臟外形如柚子一般大小，重約一公斤，造價非常昂貴。主要是一個以鈦合金和塑膠為材料的泵，能夠完全裝到胸腔內，透過精密的電子控制系統，能夠根據身體需要調節泵的速度。更神奇的是沒有電線或導管通到體外，當需要充電的時候，只要使用特製的充電器，隔著皮膚就能充電，被醫學界認為是有史以來人工心臟技術中的一大技術突破，然而可惜的是該名心臟病患者在手術兩天後狀況惡化，出現腎衰竭、糖尿病以及身體半邊已經出現癱瘓的現象。

　　這則新聞讓我想到，醫學科技的發達，雖然可以巧妙地延長人類的壽命，然而我可以想見的是，病人即使活著也是很痛苦的，可能要不時擔心自己的人工心臟會不會出現問題而停止；或是因為功能不完全，引發其他器官的併發症；再不然就是無法運動，開懷的唱歌或跳舞。然

而，人一旦要時時擔心自己的生存問題時，我想在生活中要能自由自在，心情不苦悶也是很難的，我不禁懷疑，發展人工心臟醫學科技的必要性。據報導，這顆人工心臟的造價，約在美金二十萬元，約合七百萬台幣，這還不包括其他相關的研究與發展費用，我想花費如此昂貴的代價，可是僅能用來延長少數病人的生命，而且他們還痛苦地活著，那麼這樣的意義又在那裡呢？

雖然根據統計，美國每年有七十萬人死於心臟衰竭，而多數的人都因為無法等到合適的捐贈心臟，所以不少醫學界的人士認為，開發實用的人工心臟的意義重大。可是我們如果從許多醫學統計與研究報告中都會發現，這幾年來環境的污染與惡質化，大量速食與化學人工食品的濫用，已經造成癌症、心血管等等疾病，成為目前世界文明國家的共同頭號敵人，而且發病的機率也不斷增加。在美國五十歲以上的人，平均兩人中，就有一人會得到心臟病。在台灣，六十五歲以上的老人中，每五人就有一人是心臟病患者。因此，我們是否應該多花一些人力和時間研究與思考造成這些疾病的真正原因？多宣導與提倡自然飲食與環保，而不是耗費了龐大的資金人力，企圖想要製造一個完美的人工心臟，等到發病了，再來替換。更諷刺的是，文明與先進國家的人，為了多延長一點壽命，不惜花費昂貴的代價，可是地球上卻有百分之七十以上的人，仍目不識丁，超過一半以上的人，仍然是

生活在窮困、物質缺乏、營養不良的痛苦生活環境中，可是卻很少有人願意去關心與幫忙。

　　人工心臟雖代表著醫學科技的發達與進步，然而若要與人類巧奪天工的真正心臟相比，我想還差得十萬八千里吧！就算科技的發達，將來有一天可以有人工心臟，各種人工器官可以替換，讓人類可以大幅延長壽命，可是人生活著如果只像一部機器，每天要坐在充電椅上，活像個電腦或手機一樣，我想那也是一件可悲的事！

　　健康絕對是人生最重要的一件事情，科技再怎麼進步，也無法創造一個健康的人生。人生真正的健康，還是來自於自然與和諧的生活，科技雖帶來便利，然而卻也嚴重地破壞了自然，讓現代人的生活失去了秩序，精神變得更空虛與徬徨，所以您會看到許多都市充滿了現代文明病人，雖然過著五光十色的生活，穿金戴銀、追求時尚與流行，然而又有多少人的精神不是存在著一種文明的病態？而且是病得無藥可救！不懂思考、不懂創造、不斷地拋棄人類與生俱來的天賦，活像個機器人似的，這是很可惜的！

　　人生的意義，不在於那有限的生命！如果我們能發掘出人生的真理，能為人類社會創造更多的精神文明，發揮人類內在情感不朽之精神，個人生命雖短，然而其精神卻可以長存，而這短與長，不在乎心臟，最重要的還是人類思想與精神的永恆美吧！

Part❷〔家庭篇〕

幸福的家庭是人生的起點

美麗的人生應該由家開始，
但問題的人生也往往是由家開始。

人生最美好的事物

—— 用心感受，幸福就在當下

　　有一個畫家，他有一個偉大的夢想，希望能夠畫出世上最美好的事物，於是離開家，出外尋找，希望能夠找到世上最美好的事物，並把他畫下來。有一天，他遇到了一位牧師，於是問牧師說：「您知道什麼是世上最美好的事物嗎？」牧師回答說：「世上最美好的事物就是信仰。」畫家搖了搖頭，因為他畫不出信仰，只好再繼續尋找。後來遇到了一位軍人，便問軍人說：「您知道什麼是世上最美好的事物嗎？」軍人回答說：「世上最美好的事物就是和平。」畫家又搖了搖頭，因為他也畫不出和平。於是又繼續尋找，最後他遇到了一位新娘，就問新娘說：「您知道什麼是世上最美好的事物嗎？」新娘回答說：「世上最美好的事物就是愛情。」畫家很失望，因為他也畫不出愛情。

　　畫家非常失望的走回家，回到家後，他的妻子和兒子高興的出來迎接他，他看到這個景象，突然發現，妻子對他表現的是愛情，兒子對他表現的是信仰，這個家所表現的是和平，原來世上最美好的事物都在自己溫暖的家中啊！

　　這個故事其實有很深的人生意義，主要是在反映我們人生的現況，因為人們常會被眼前的事物所蒙蔽，一旦深陷其中，往往不能回頭，看不清楚周遭的事物，一

心只想著自己的目標或是理想，可是卻常常不懂得去珍惜周遭的事物。然而當我們汲汲營營地追求我們心中的理想或目標，毫不珍惜地丟掉我們所認為不值錢的東西，可是往往等到我們一無所有，甚至到了人生終點，最後才會覺醒，其實世上最美好的事物就在我們的身旁，只是我們從來不懂得珍惜罷了！

曾經想過什麼是世上最美好的事物嗎？記得小時候，總認為過生日有禮物可拿，有蛋糕可吃，是件最美好的事；後來上了中學，課業的壓力非常沉重，因此覺得看電影可以暫時拋開眼前的煩惱，所以認為看電影是件最美好的事；長大後，談了戀愛，才發現能與人相愛，是件最美好的事；成熟以後，又認為，人生能為自己的理想去努力與奮鬥，才是件最美好的事。

人生追求理想，追求美好的事物，是人之常情，而事實上，人生也因為有了理想與夢想，人生才因此活得更有意義！只是我們要能夠仔細觀察生活周遭的事物，用心去思考人生的價值何在？最後啟發出生命的智慧，那麼人生才能真正發現美好的事物，並且享受它。

其實人生美好的事物俯拾皆是，片地皆是黃金，只是我們往往看不見、摸不著，最後反而怪罪我們的親人、朋友。就像印度詩人泰戈爾所說的一樣：「我們把世界看錯了，卻說是世界欺騙了我們。」

擁有和諧美滿的家庭生活，絕對是人生最美好的事，只要我們能用心去感受，幸福就在當下吧！

家中之寶

—— 贏了道理，可能輸了感情

　　新時代的社會變化迅速，每一個人在每一時期的生長環境與條件，都有相當大的差異，相對不同的年齡階層，所受的思想與教育也都不一樣，因此婆媳問題是現代家庭普遍存在的一個現象。最主要的是因為觀念與想法的差異太大，往往造成婆媳彼此溝通的困難。但是如果我們知道婆媳之間，本來就會有溝通上的困難，那麼我們在溝通時遇到了挫折與問題，我們就不應該太失望。想想如果婆媳之間有問題是正常的，如果我們能刻克服婆媳之間的溝通問題，了解對方的想法，那麼我們是值得讚賞的。相反的如果我一直不重視婆媳問題，一味地逃避而將問題歸咎於對方，那麼本來只是一點小小的誤解，都可能造成婆媳之間更深的誤會。

　　一位婆婆便談到她從年輕時當媳婦到現在成為婆婆的心路歷程：她認為婆媳關係並沒有像大家想像的那麼複雜與艱難，其中最關鍵的人，是那個做先生與做兒子的，因為大家愛的都是同一個人，只是婆媳之間往往是角色與立場不同。如果兒子能夠當好潤滑油，在婆媳之間搭起「大事化小，小事化無」的橋樑，婆媳之間是可以相處得很融洽的。

　　有一位先生就提及他們家，婆媳相處了十幾年，從來沒有什麼問題。他認為，自己是最大的功臣。他說母親從小喜歡嫌東嫌西，所以對於母親的個性非常了解，可是剛結婚的時候，太太卻非常不習慣，以為婆婆是沖著自己。例

如，洗了衣服，就嫌洗衣粉用太多；曬了衣服，就嫌褲子口袋沒有翻出來；煮了飯，就嫌飯太硬；煮了菜，又嫌菜太鹹，因此覺得很受委屈。

後來先生就告訴太太說：「妳現在只有三種選擇，一是與我離婚，然後再找一位有好婆婆的先生才嫁；另一種是痛苦的繼續被嫌；最後一種選擇，就是學習當一個快樂的聽眾，並且要像呼吸一樣自然！」

太太當然有點不懂，先生便再解釋：「其實大家是一家人，母親並沒有惡意，只是她習慣把自己的經驗告訴別人，我已經被她唸了二十幾年，根本就像呼吸一樣自然，我從來不會覺得有什麼對不對的問題，也不會去想太多。而妳剛嫁到我們家來，不適應是必然的，但是妳可以選擇一個快樂的好方法，那就是習慣當一個聽眾，而不是習慣去改變什麼。就好像妳走在街上，看到紅燈，妳會自動停下來，天黑了，妳會想睡覺，而這些完全是習慣造成的。但是如果有一天，妳看到紅燈，不必停車，天黑了，睡不著，妳反而會覺得不習慣。媽媽喜歡嫌東嫌西，這是她的習慣，妳叫她不唸，很困難。但是妳不同，妳還年輕，還有很多時間與能力去適應環境，況且媽媽告訴妳的經驗，有很多是她幾十年累積下來的心得，如果妳學到了，對我對妳都有好處。」

其實中國人常說：「家有一老，如有一寶。」如果我們都能把長輩的建議、責備，當作是一種關心，做一個好的聽眾，不要太固執自己的意見，那麼婆媳之間的問題絕對會少了許多？相反地，如果凡事，都以自己為主，認為自己是對的，不願意做任何改變，那麼婆媳之間，也許一雙拖鞋、一個杯子、一句話、一個眼神，都會成為彼此爭執的導火線。就像有位作家所說的：「家庭是講愛的地方，彼此爭吵就算贏了道理，卻輸了感情，那又如何呢？」

溝通從分享開始
—— 改變，應該要先從自己做起

　　有位太太問禪師：「我的先生很粗心，常打破家裡的東西，拜訪朋友又粗手粗腳地，把茶弄倒，怎麼講他都沒有用，有什麼方法使他處事細心些？」

　　禪師笑了笑告訴這位太太：「有位先生在家裡打破一個花瓶，太太看見便和先生說：『對不起！』先生覺得很奇怪，問太太：『為什麼我打破花瓶，妳要抱歉？』太太回答：『真對不起，花瓶放在容易打破的地方。』先生聽了就小心多了，不好意思再要太太為自己的粗心大意道歉。」

　　如果我們總認為別人的錯誤，完全是對方自己造成的，那麼我們就很難改變什麼。改變應先從自己做起，思考不改變，行動和結果也就不會改變。

　　不知您是否也常有類似的經驗呢？我們是否常常看不慣自己的兒女、先生、太太、父母，甚至周遭朋友的一些行為與舉動？總是抱怨著對方的種種疏失，可是我們是否曾靜下心來想一想，對方的錯誤難道都是他們自己造成的嗎？自己難道都沒有一點責任嗎？就算不是自己的過錯，我們在要求對方的時候，是否也能多用些愛心和創意？如果能夠多用變通的方式和對方溝通，或許會有截然不同的結果。

　　其實現代人，是生活在一個五花八門，怪力亂神充斥的社會，家庭可以說是拯救人類的最後戰場。如果我們不能將多一點心思，投入在家庭上，多分一

點關愛與時間留給子女，那麼當子女走出家庭，我們又怎能期望他們不受社會的影響，不被混亂的世界所迷惑呢？

　　家，是我們成長與休憩的重要地方，同樣的也是我們撫育下一代的場所，如果您對現在的社會環境，深惡痛絕，那麼當您忙碌之餘，就應該多花一點時間想想子女的需要，多了解一下他們的想法。

　　而新時代的子女，雖說比以往有更好的物資生活條件，可是他們所處的環境，卻相對的比幾年以前要更複雜，我們不需要給子女太多的錢，但我們一定不可以吝嗇在子女身上，多花一點時間，聽聽他們想說什麼？也告訴他們自己在做什麼，與他們分享生活。就好像有一個電視廣告說的：「溝通從分享開始！」如果，我們愛我們的子女，那麼我們一定要多花時間，多運用一點心思與創意，與子女們做心靈的溝通，分享生活中的點滴，而不是一味地批評與管教。否則花瓶打破了，是一個既成事實，再多的責怪，也於事無補，但是如果我們能用不一樣的角度與心情去面對，想想自己是否也應負起責任，那麼同樣的錯誤或許就可以避免再次發生。

　　生命不可從頭來過，很多東西失去了也不可再獲得，可是生活的智慧，卻是我們從日常生活中所不斷累積而成的。

親愛的，別把孩子當老虎！
—— 本性需要疏導，然而潛力需要激發

　　中國的哲學家莊子，曾經舉過一個例子，他認為養老虎是一件危險的事，可是懂得養虎的人，都知道不要拿活生生的動物給牠吃，因為老虎在獵殺動物時，會把天生的野性發揮出來，這樣日子久了，老虎的性情就會越來越殘暴，野性一發往往就不可收拾，因此懂得養老虎的人，只要順著老虎的性情來養它，就會把老虎養得像貓一樣溫馴。

　　其實在家庭裡，每個人也都有其天生的個性，然而與親人相處，我們一定要能順應對方的性情，盡量將對方善良與仁愛的天性激發出來，多用讚美與善言，那麼家庭生活就會很和諧美滿。相反地，最怕的就是用挑釁或激怒的方式來指責對方，或是以自我的標準與立場來要求對方，挑剔對方的毛病與錯誤，一旦將對方剛烈頑強的本性或是怒氣給激發出來，那往往後果不堪設想。

　　所以現代人常常有許多家庭悲劇的發生，多半是家人相處，不能了解對方的性情，順應對方的個性，總認為自己是對的，然後企圖改變對方。尤其不少父母，在現代競爭如此激烈的環境下，總是要拿成績與其他小孩比較一番，再不然就是以超高標準，從小要求學鋼琴、英文、繪畫等等，要求多才多藝，弄得子女在求學過程中，苦不堪言。然而在這種家庭教育下成長的孩子，往往造成了被動和呆板的思考和個性，沒有辦法將自己的潛能發揮出來。

　　我們今天看到社會上很多作奸犯科的人，他們之所以會誤入歧途，我想他

們的父母，絕對要負一半以上的責任，雖然社會風氣的敗壞也是原因之一，然而一個人從小父母如果沒有順著小孩的個性，循循善誘，教導為人處事的道理，激發孩子正義、仁愛與道德等善良的天性，相反地，如果任由小孩之墮性趨使，任意發展，不管不教，或是使用偏激的方式，打罵責怪，一旦將孩子頑強與剛烈的個性給激發出來，那麼小孩往往成為父母恣意妄為的犧牲品。

　　除了家庭之外，人與人之間的相處也有同樣的情況，好朋友在一起，如果彼此不能了解對方的個性，久而久之就容易起磨擦，最後反目成仇，可是如果我們能多多欣賞對方的優點與長處，順應對方的個性，那麼朋友之間的相處也可以細水長流；老闆與部屬的相處，也有相同的情形，如果老闆能多多誇讚部屬的優點，多多鼓勵與激發部屬將長處與才能發揮出來，那麼老闆與部屬絕對可以成為公司最佳的工作夥伴。

　　人雖然是萬物之靈，然而人亦脫離不了天生物種的個性，可是人的個性就像水一樣，把它裝在不同的器皿裡面，它都可以適應，把它匯集成川，可以用來發電灌溉，加入高壓，水可以如利刃，無堅不摧，然而水不好好導引，一樣可以氾濫成災，釀成災禍。

　　其實，人的個性沒有絕對的好壞之分，就看您給它什麼樣的環境吧！然而本性要輸導，潛能要去激發，那麼任何人都能成為可用之材。

美麗的魔咒

—— 善意的言語，會使人產生更多的力量

　　最近哈利波特的小說與電影，引起了不少迴響，作者喬安・凱瑟琳・羅琳（J.K.Rowling），發揮了她的想像力，創造了一個精采奇幻的神化故事。在故事中談及不少巫師與魔咒等等劇情，讓許多觀眾或讀者都大為驚奇，頗具娛樂效果。

　　然而在現實的生活中，雖說沒有所謂真正的巫師，可是有很多事情，就像魔咒一樣地發生了。我們不是常對我們討厭的人說：「他這麼缺德，以後一定會有報應。」或是說：「我真希望他永遠消失在我的面前！」等等之類的話，可是沒想到時間沒隔多久，我們所說的話就如魔咒一般的應驗了！或許當初只是一時的生氣，可是沒想後來卻發生比我們想像中還要悲慘的事情，雖然事情的發生，並不是我們所下的詛咒，可是看到身邊的人發生不幸，我想這都不是我們所真心希望的。

　　尤其在家庭中，我們更應該避免說出類似詛咒的話，例如很多父母對孩子的管教，總是責備多於讚美，甚至有些父母常常口不擇言，在生氣時什麼難聽的話，常常順口就說出來了，像是「我沒有你這種孩子！」「像你這種笨孩子不要也罷！」「你愛出去，那就永遠別再回來！」「沒出息！」「敗家子！」「你真笨，笨得像腦震盪的豬！」等等之類的話，這些帶有刺激性的話語，傳到親人的耳中，絕對是非常傷人的，甚至就像一個魔咒一樣，在心裡面留下一個烙

印，永遠揮之不去。

　　其實，家庭是親人一同生活與成長的地方，我們對自己至親的人，或許「愛之深，責之切」，但說話的方式，有很多種，我們可以用善意的言語來溝通，傳達自己的想法與關心，或是用比較委婉的語氣告訴對方的缺失，可是如果我們使用偏激或是不適當的語言來表達時，它就只會像一個魔咒般的，在對方心中造成傷害，造成影響，卻很難發揮什麼正面的效果。要是不好的事情真的如我們所說的一樣發生了，那我們一定會後悔一輩子的！相反的，我們應該多對自己的親人，多用祝福，多用善意的言語讚美。同樣的，這些語言就會像美麗的魔咒一般，對我們的親人產生許多信心與力量，幫助他們度過難關。

　　例如父母們，應該多對孩子們的表現多說：「加油！」「你做得很棒喔，再努力呀！」對孩子與朋友們一同出去玩時可以叮嚀：「好好玩，多注意安全！」「祝你玩得愉快！」孩子們如果犯了錯誤可以說：「不要難過！人都會犯錯，多想想錯在那裡，下次小心一點！」其實家庭是講愛的地方，多用好的言語，善意的言詞來表達我們對家人的關心與期望，而家人們，也一定會將我們的祝福與期許，放在心裡，形成一股潛藏的力量，最後一定也會有好的結果。

　　否則一個家庭，父母對子女苛責，子女也對父母惡言相向，那麼在這樣一個不和睦的環境下，家庭要能美滿幸福，也是很困難的。

生菜沙拉

—— 機器需要潤滑油，生活則需要調味料

　　喜歡吃生菜沙拉嗎？我想每個人喜好不一樣，不過在美國唸書的時候，一般餐廳送主菜前多半會先送一盤生菜沙拉，親切的服務生更會親自詢問客人要何種沙拉醬，和客人閒話家常一番。

　　我個人也非常喜歡吃生菜沙拉，除了健康的理由之外，有時候覺得生菜沙拉，也是吃飯的一種趣味與調劑。畢竟，現代人的生活步調太過緊湊，很多時候連吃飯都是匆匆忙忙的，不能平心靜氣地享受一份餐點，可是如果我們在飯前能先吃點容易消化的開胃沙拉，不僅可以讓我們的胃腸不致一下子灌入太多的食物而消化不良，另一方面，生菜中含有很多豐富的天然酵素，對身體健康，消化都非常有益。

　　其實，家庭也需要有家庭的生菜沙拉，家庭才會融洽，家庭生活才會快樂與美滿。我們看到太多的例子：不美滿以及破碎的家庭，造成了多少社會的傷害，而許多社會暴力事件也都與家庭因素有關。

　　那什麼是家庭的生菜沙拉呢？我想應該是一種生活的調劑吧！例如假日的旅遊，父母們放下手邊的工作，孩子們放下課業的壓力，全家人一起接近大自然、爬爬山、散散步，一同到郊外走走，或是一同

看場電影、聽聽音樂會、看看藝術展覽，都是不錯的選擇。
其實就像許多餐廳，對於餐前的生菜沙拉會有不同的選擇，
有些餐廳會提供典型的西式沙拉，有些餐廳會提供水果沙
拉，也有些餐廳會提供自己調配的特製生菜沙拉。但不論何
種沙拉，它都提供了餐前的開胃與調劑，讓用餐的人可以放
鬆心情，享用一頓豐盛的美食。然而在家庭生活當中，我們
卻常常忽略了家庭生菜沙拉的重要性，總是讓生活把我們壓
得喘不過氣來，父母們總是有忙不完的工作，每天早出晚歸，即使放了假在
家，也寧可睡大覺，可是卻不曾想過多花一點時間與孩子們聊聊天，或是全家
人一起出去走走；夫妻之間，也似乎也沒有什麼交集，各忙各的，很少有時間
靜下來談談心，聊聊天。大家生活在這樣的家庭之下，心情與生活又怎能輕鬆
與愜意呢？日積月累下來，身心難免不會有問題。

　　家庭是我們每個人，生活的基礎，我們不能沒有它，更不能忽略自己對家
庭的責任與需求，然而不管我們在家庭扮演的角色是什麼，請大家一定要記得
多準備一點生菜沙拉吧，或許平淡無奇的生活會因為我們多的這一點心思與創
意，而有所不同。

　　其實每次去餐廳時，各家餐廳準備的生菜沙拉不見得都很合我的喜好，可
是每次看見生菜沙拉時，我都會用期待與輕鬆的心情，享用一頓美食，沙拉好
不好吃，其實對我來說並不特別重要，但重要的是，多了這一步驟，感覺就不
一樣了，吃飯會吃得更輕鬆。所以，家庭生活要幸福美滿，我們絕對少不了生
活中的生菜沙拉。

背父親的竹簍

—— 父慈子孝，從自己做起

有一個老爺爺，辛苦的把兒子撫養長大，後來年紀漸長，於是只好待在家中，由兒子來奉養。可是這個兒子每次見到年邁的父親只能待在家中，對他繁重的工作一點都沒有幫助，於是便想將父親丟到山上。有一天，這個兒子便拿了一個大竹簍，騙父親說要到山上去遊玩，後來到了山上，就把父親與竹簍一起扔在一顆大樹下，然後就匆匆下山了。

這個時候，年幼的小兒子便問：「怎麼不把竹簍給帶回來呢？」

父親很訝異，便問小兒子為什麼？

這時候，小兒子才說，留著將來我也可以用它來背您上山啊！這時父親才恍然大悟，於是連忙上山將老爺爺背回。

這個故事對我們現代人不注重孝悌的情形有很好的啟示。中國的古訓，皆以孝悌為出發點，所謂「百善孝為先」，一個人不知盡孝，那麼其他的品德與情操都是假的。所以家庭要和諧，應該先從孝順做起，懂得敬老尊賢，長幼有序。我們今天在家孝順父母，必然會給後代的子女一個很好的榜樣，將來子女也同樣的會孝順自己，雖然孝順父母，並不是為了自己。但是人生善惡皆有果報，好好地孝順父母，在家庭裡樹立了良好的典範，讓子女們了解做人的道理，家庭才會有和諧美滿的未來。

　　另外有一段貼在老人安養院牆上的文章，讓人覺得非常感動，文章是這樣寫的：

　　孩子！當你還很小的時候，我花了很多時間，教你慢慢用湯匙、用筷子吃東西。

　　教你繫鞋帶、扣扣子、溜滑梯、教你穿衣服、梳頭髮、擤鼻涕。

　　這些和你在一起的點點滴滴，是多麼的令我懷念不已！

　　所以，當我想不起來，接不上話時，請給我一點時間，等我一下，讓我再想一想。

　　極可能最後連要說什麼，我也一併忘記。

　　孩子！你忘記我們練習了好幾百回，才學會的第一首娃娃歌嗎？

　　是否還記得每天你總要我絞盡腦汁，去回答不知道從哪裡冒出來的問題嗎？

　　所以，當我重複又重複說著老掉牙的故事，哼著我孩提時代的兒歌時，請體諒我。

　　讓我繼續沉醉在這些回憶中吧！

　　切望你，也能陪著我閒話家常吧！

　　孩子，現在我常忘了扣扣子、繫鞋帶。

　　吃飯時，會弄髒衣服，梳頭髮時手還會不停的抖，請不要催促我，對我多一點耐心與溫柔！

只要有你在一起，就會有很多的溫暖湧上心頭。
孩子！如今，我的腳站也站不穩，走也走不動。
所以，請你緊緊的握著我的手，陪著我，慢慢的。
就像當年一樣，我帶著你一步一步地走。

　　或許，我們總會嫌父母年紀長的時候，因為身體上的退化，帶給了我們許多不方便與麻煩，總讓我們很沒有耐心。但是，我們一定不能忘記，當年父母親是如何辛苦地把我們帶大？花了多少心血與汗水？耐心地教我們扣扣子、繫鞋帶，握著我們的手，一步一步地陪伴著我們慢慢長大。如今父母們年老力衰，記憶力喪失，不也就如同當年的我們一樣需要關心與愛心？更需要多花一點時間聽他們講話，牽著他們的手，出外去走走。因為我們也都希望，有一天，也有一雙溫暖的手牽著我們，讓我們安詳地老去。

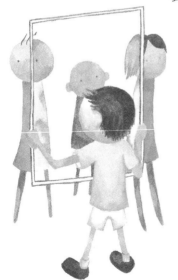

　　人生雖然有很多不完美，可是人生絕對可以好好的耕耘與栽培，擁有孝順的子女絕對是我們人生最大的收穫。然而孝順，絕對必須先從自己做起！

有家的感覺真好！

—— 家是人生的避風港，也是人生最好的舞台

有人說：「家是人生的避風港。」我們在外受到挫折與委屈，家都是我們最好療傷止痛的地方，所以家庭與人生是息息相關的，而離開家庭或是家庭不美滿的人生，則是痛苦與悲慘的。所以愛默生說：「家是父親的王國，母親的世界，兒童的樂園。」也有人說：「有家的感覺真好！」翻開世界偉人傳記，我們便會發現，家庭對這些偉人的影響，更是至為深遠。

不過有時候，一個苦難的家庭可能也會激發出人類的一些潛能，磨練出堅忍不拔與不屈不撓的毅力，英國最偉大的文學家莎士比亞，就生長在一個不幸福的家庭，父親是一個農夫，母親也只是一個農家女。而莎士比亞在十三歲的時候，便因為父親的負債而輟學；到了十八歲的時候，甚至被迫娶了一個比自己年紀大很多，而且自己不愛的女人。樂聖貝多芬，父親是個酒鬼，母親是個女僕，從小父親喝醉了酒，便會打他，等到年紀稍長，貝多芬的音樂天賦才受到世人所注意，然而年輕的貝多芬，耳朵卻漸漸地失靈。法國的思想家兼作家盧梭，一出生母親便過世了，父親則是一個修理鐘錶的工匠，年幼時，家境也非常窮困。而這些偉人，之所以能夠在他們的文學作品，音樂中真情流露，感

人肺腑，我想多半是受到了年幼家庭破碎、不美滿，讓他們在成長的過程中經歷許多艱難，而他們的偉大，更是因為他們能化悲憤為力量，化痛苦為柔情，轉抑鬱為奔放，將偉大的文學作品，音樂，思想留傳於後世。但畢竟這些人是少數，又有多少人在破碎的家庭中淪為盜娼，從此沉淪墮落，醉生夢死？

相反的，美滿的家庭也會帶給人生許多美好的希望與理想，音樂神童莫札特，從小就出生在富裕與美滿的家中，所以音樂神童莫札特的音樂中處處充滿了陽光與歡樂，熱情與奔放，很少有悲愴抑鬱與憂傷的感覺，我想這都與他童年歡樂美滿的家庭生活有關吧。

所以家庭是人生的開始，也是孕育一個豐富人生的溫床，然而一個破碎的家庭，也往往帶來了痛苦的人生，在報上看到兩則令人歎息的社會新聞，一個是親生父親，對自己女兒性侵害長達二十年之久，直到女兒上了大學，交了男友，在苦受父親的迫害之後，才告發父親的罪行。另一則是發生在一個問題家庭，兒子遊手好閒，不滿意父親每天嘮嘮叨叨，最後一生氣，竟將父親給活活打死。這兩則新聞都讓我想起現今社會家庭的亂像，我們不時可以看到或聽到許多夫妻失和引爆瓦斯同歸於盡，或是飆車族的青少年又打架鬧事的社會事件，很多都是由於一個問題家庭所導致的。

不過我相信還是有很多家庭，大家手牽手一條心，共同為自己的生活努力。在電視上看到一位車禍受傷，嚴重癱瘓躺在病床上的先生，似乎連吃飯都

必須要靠妻子的幫忙才行，可是妻子卻無怨無悔的照顧著先生。妻子說她會全心全意守著這個家，她要用行動來證明自己的決心，化悲憤為力量，她相信上帝會感動，更相信先生的病情會好轉起來。看了這幅場景，讓我也從內心起了感動，默默地替這對夫妻祈禱，希望他們能勇敢與堅強地面對未來。

　　人類進入二十一世紀後，資訊媒體的發達，對我們的日常生活，產生了很大的衝擊，打開電視，車禍事件、搶劫、擄人勒贖等等，每天我們會看到很多令人痛心的社會問題。此外全球天然災害不斷、水災、地震頻繁，工業污染造成的生態環境污染問題，這一切都讓生活在二十一世紀的我們感覺到惶恐不安，生活無所適從。所以生活在多變與不安的二十一世紀，我們應該盡力去追求和諧的家庭生活，對於父母或是子女，要多花一點心思與時間，了解他們的想法與需求，同樣對於婚姻的另一半，也要多花一點精神與時間，了解與溝通。有了和諧美滿的家庭生活，面對混亂不安的社會與詭譎多變的世界，家才是一個修養生息的與安身立命的場所。

　　其實美麗的人生應該由家開始，但問題的人生也往往是由家開始，家庭是我們個人成長與修養發展的基礎。所以有人說「有家的感覺真好」，也有人說「家和萬事興」。但不管怎樣，家都是我們人生的一個基礎點，我們生命的孕育與延續也都是從這裡開始。擁有一個和諧的家庭生活，是我們一生都應該努力與追求的。有人說「人生如戲」，我想家庭就是我們人生最好的舞台吧！

Part❸〔財富篇〕

懂得運用財富，才能創造真正的價值

財富的累積，不在於您賺了多少錢，

最重要的是您有沒有留下它的智慧，

理財不單是創造財富，

更重要的是善用您的財富。

不甜的甘蔗

—— 錢不是萬能，但沒有錢卻萬萬不能

有一個人，手托著一盤甘蔗，沿街叫賣，尋求買主。

在村頭，有一個人想吃甘蔗，但身上沒有錢。

賣甘蔗的人說：「先拿去吃吧，等您手上有錢時再來還就行了。」

這個人是個很聰明的人，他沒有吃這甘蔗，他說：「如果嘴裡吃著甘蔗，心裡卻還要想著還錢，甘蔗在口中就不會感到甜了。」

不知您是否也有這樣感覺呢？當您心裡在擔心錢的問題時，似乎很多事情就會變了樣，讓我們分神，無法專心，俗語說：「錢不是萬能，但沒有錢卻萬萬不能。」

二十一世紀是一個多樣化的時代，我們生活上的需求與花費也漸漸增多，比如說保險費、各種賦稅、娛樂開支、應酬、生活雜支費用等等。所以在新的時代，要想過得比別人悠閑，比別人輕鬆，最好及早建立起理財的方法與良好的觀念。畢竟，財富的累積，不在

於您賺了多少錢，最重要的是有沒有留下它的智慧，理財也不單是創造財富，更重要的是要能善用財富，否則辛辛苦苦所賺來的財富，很可能因為不當的投資，而血本無歸。

就拿股市投資來說，很多人便認為炒股票或是買基金，會比錢放在銀行生利息好，可是現代社會是講究專業的時代，股票與基金雖有較高的利潤，可是相對的它也是高風險的投資，需要更多的專業與時間，因此當我們投資的風險過大時，那麼這種投資很容易變成一種投機，反而是一種危險。

因此理財，最重要的是運用財富的智慧，雖說這不是一兩天可以學會的，可是我們要及早養成良好的方法以及正確的觀念，尤其新經濟時代，理財不可以再一味套用過去傳統的方法，例如買基金，買股票，可能這幾年不少投資人都是賠得血本無歸了，因為大環境已經改變了，現今的世界是環環相扣，緊密相連的，經濟不景氣，有很多也不是台灣政府所完全可以掌握與控制的，所以身為市井小民，我們應該多多利用各種資訊，了解整個世界大環境的改變，以及未來社會經濟與世界經濟的關係與發展方向，掌握了大方向，然後再慢慢規劃自己的財務投資方法，一步一步建立起屬於自己的理財智慧。

死老鼠肉

—— 人生遍地是黃金，只怕您沒有發現的智慧

有一次，有一位得道高僧與小和尚在路上行腳，看到一群烏鴉在爭食一塊死老鼠的肉，彼此爭搶，打得頭破血流。

小和尚無限慨嘆的說：「真可憐！一塊死老鼠的肉，也值得這樣爭食嗎？」

高僧說：「世間上的人，對功名富貴的追逐，不也是像烏鴉在爭食死老鼠肉嗎？」

談到金錢或財富，我想沒有人會討厭它吧！但是，財富往往也是人生罪惡與禍患的根源，所謂：「人為財死，鳥為食亡！」有多少人在追求財富時，因為人性的貪婪，不知滿足，最後反而遭致殺身之禍，甚至牽連家人朋友。所謂「名枷和利鎖，相牽入火坑」更需讓我們引以為警惕！

其實，人生的財富可以有很多種，並不局限於金錢、房屋、土地、股票等狹隘的範圍。例如擁有健康的身心，生活很快樂，沒有煩惱，那麼健康也是我們無形的財富；有些人擁有推心置腹，能夠生死與共的患難之交，這也是人生難得的財富；有些人擁有豐富的學識，品德高尚，受人敬重，對社會國家盡心盡力，貢獻專長，這也是人生的財富。

然而儘管人生的財富有很多種，有形或無形，廣義或狹義，然而財富本身並沒有所謂的好與壞，善與惡。就如水一樣，「能載舟，也能覆舟」。財富對我們人生的功用與影響，完全取決於我們掌握財富的智慧。如果一個人擁有善

心，努力向上，樂善好施，能夠廣結善緣，那麼即使沒有金錢上的財富，但人生卻一樣的富有；相反的有些人，家財萬貫，卻一毛不拔，對人毫不關心，自私自利，而這種人的人生，其實是貧窮的，而且窮得可悲。

想想我們今天活在這個世界上，是否常常都對金錢財富過分地看重？往往為了追求眼前的利益，與別人爭得您死我活；在公司內，為了爭取較高的職位，與人明爭暗鬥；在商場上，為了搶奪客戶，爾虞我詐；在政治上，為了奪取權勢，不少政客，常常妖言惑眾，混淆視聽。然而將無價的人生浪費在名利欲望的追逐，最後所爭得的也只不過是塊死老鼠肉，人生如此實在是可惜！

其實有智慧的人，並不會排斥財富，而是善於運用財富，並且享受財富。看看我們平時有多少人，終日忙於公事、應酬，片刻不得閒，最後成了名符其實的車奴、房奴。也有不少人，生活極盡奢侈之能事，住的是千萬豪宅，開的是百萬名車，可是對別人卻一毛不拔，漠不關心。更有一種人，不僅窮，連志也窮，總是羨慕著別人奢華的生活，卻不願努力，最後作奸犯科，淪為盜娼，妄想一夜致富，這些人生，都是窮的人生。

人生真正的財富，又豈僅止於名利富貴而已呢？在冬天的午後，如能慵懶地曬曬太陽，或是在夏日的雨後，看見天邊的一道彩虹，傍晚到海邊吹吹涼風，欣賞落日餘暉，看看五彩繽紛的晚霞。試想，對一個失去雙眼的人來說，這些是多麼遙不可及的夢想？

人生往往只看見自己所沒有的，總是「坐這山，望那山」，可是卻很少有人能珍惜自己身邊所擁有的「人生財富」。其實人生的財富是無窮的，只怕我們沒有發現財富的智慧而已！

玫瑰的朋友

—— 朋友，是人生難得的財富，但一定要謹慎選擇

有一天，一個路人發現路旁有一堆泥土，從土堆中散發出非常芬芳的香味，他就把這堆土帶回家去，一時之間，他的家竟充滿了香氣。路人好奇而驚訝地問這堆土：「您是從大城市來的珍寶嗎？還是一種稀有的香料？我從來不曾見過帶著芬芳的泥土！」

泥土就對路人說：「都不是，我只是一塊普通的泥土而已。」

路人更加好奇的問：「那麼您身上濃郁的香味從哪裡來的？」

泥土說：「我只是曾在玫瑰園和玫瑰相處過很長的一段時間而已！」

或許這只是一個寓言故事，然而不可否認的是，環境與朋友會對一個人造成很大的影響。我們平時和什麼樣的人相處，久而久之，就會有相同的味道，思想與行為都會受到影響。所以對於朋友的選擇，就不可不謹慎，否則不慎交上壞朋友，可能我們一輩子都會受到牽累。相反地，如果我們能慎選朋友，那

麼一個推心置腹的知心好友，絕對是我們人生最難得的財富。

　　好的朋友，可以砥礪我們的品格，增長我們的智慧，增廣我們的視野，激發我們求知的欲望，在我們失望或遇到困難時，能給予我們心靈上的信心與鼓勵。就像那芬芳的泥土，要是沒有玫瑰的滋養，那麼泥土就永遠不會發香，對泥土來說，玫瑰令它產生香味，可是就玫瑰來說，泥土卻是玫瑰所賴以為生的溫床，泥土必須不斷地提供養分與水分，玫瑰才能成長與茁壯，綻放出美麗的花朵，散發出迷人的芬芳。就像朋友之間的相處，要細水長流，就要彼此信賴與幫助，才能一同成長，展露出友情的光芒，如果我們對於朋友總是予取予求，卻不能相對地給予朋友真心的關懷與幫助，那麼時間久了，朋友之間也會漸行漸遠，成為泛泛之交，所謂「相識滿天下，知己有幾人？」君子之交，雖淡如水，但君子之交，絕對也是患難與共，肝膽相照的。

　　除了朋友之外，環境也會對我們一個人產生相當大的影響，所以中國古代思想家荀子說：「蓬生麻中，不扶而直。白沙在涅，與之俱黑。」蓬草一旦生長在麻田中，不用特別去扶它，它照樣隨著麻樹，長得又挺又直。反之，晶瑩潔白的沙子，掉在污濁的爛泥裡，久而久之，就被混得又濁又黑了。因此我們可以了解，環境是如何深遠地影響每一個人！凡是有此體認的老師或父母，在教育下一代時，就特別需留意環境的薰染，想辦法創造一個良好的學習環境，激發孩子們努力求知，奮發向上的心態，而對於不良的環境影響，都應該設法避免，這樣才能漸漸地在孩子們心中，建立起明辨是非善惡的判斷能力，遇到外在環境的不良誘惑，才能避而遠之了。

漁人與樵夫

—— 努力活在當下，人生便擁有一切

在墨西哥海邊一個小漁村的碼頭上，有一個美國商人看著一個漁夫划著小船靠岸。小船上有好幾尾大黃鰭鮪魚，這個美國商人對墨西哥漁夫能抓這麼高檔的魚恭維了一番，還問要多少時間才能抓這麼多？

墨西哥漁夫說，才一會兒功夫就抓到了。美國人再問，您為甚麼不待久一點，好多抓一些魚？

墨西哥漁夫覺得不以為然地說：「這些魚已經足夠我一家人生活所需啦！」

美國人又問：「那麼您一天剩下那麼多時間都在幹甚麼？」

墨西哥漁夫解釋：「我呀？我每天睡到自然醒，出海抓幾條魚，回來後跟孩子們玩一玩，再跟老婆睡個午覺，黃昏時晃到村子裡喝點小酒，跟哥兒們玩玩吉他，我的日子可過得充實又忙碌呢！」

美國商人不以為然，於是幫漁夫出主意，他說：「我是美國哈佛大學企管碩士，我倒是可以幫您忙！您應該每天多花一些時間去抓魚，到時候您就有錢去買條大一點的船。自然您就可以抓更多魚、買更多漁船，然後您就可以擁有一個漁船隊。到時候您就不必把魚賣給魚販子，而是直接賣給加工廠，或是自己開一家罐頭工廠，控制整個生產、加工處理和行銷。最後，您可以離開這個小漁村，搬到洛杉磯，甚至全美最大的城市紐約，在那裡經營您不斷擴充的企業。」

墨西哥漁夫問：「這又要花多少時間呢？」

美國人回答：「十五到二十年。」

「然後呢？」墨西哥漁夫問。

美國人大笑著說：「然後您就可以在家當皇帝啦！時機一到，您就可以宣佈股票上市，把您的公司股份賣給投資大眾。到時候您就發啦！您可以幾億幾億地賺！」

墨西哥漁夫接著問：「然後呢？」

美國人說：「到那個時候您就可以退休啦！您可以搬到海邊的小漁村去住。每天睡到自然醒，出海隨便抓幾條魚，跟孩子們玩一玩，再跟老婆睡個午覺，黃昏時，晃到村子裡喝點小酒，跟哥兒們玩玩吉他囉！」

墨西哥漁夫疑惑的說：「我現在不就是這樣了嗎？」

人的一生，無非一直都試圖在與環境或別人一爭長短，滿足自己的慾望，雖然這也是無可避免的人生過程，因為世界是現實與殘酷的，畢竟競爭也是人生進步與成長的主要力量，相信有哲學思考的人，一定會問，如果人生不受慾望的刺激，那麼活著又有何意義呢？前面這個漁夫與商人的故事，對我們現代人為了滿足自己無限的慾望，每天忙忙碌碌，應該有很好的啟示。想想看，我們是否往往都受那無限擴展的慾望所引誘而不自知，渾然不知為什麼辛苦，為什麼忙碌，最後甚至丟掉了健康，失去了親情，等到青春虛度，年華老去，有一天驀然回首時，才驚覺自己的人生，白忙了一場！人生如果落得這樣，實在是可悲的！

另一個有關樵夫的故事，我覺得對忙碌的現代人，也有很好的啟示。

有一個樵夫，每天上山砍材，日復一日，過著平凡的日子。

有一天，樵夫在路上看到一隻受傷的小鳥，小鳥身上有著色彩繽紛的羽毛，非常漂亮，樵夫非常欣喜，於是就把小鳥帶回家，專心替牠療傷。

在療傷的日子裡，小鳥每天唱歌給樵夫聽，讓樵夫過著快樂的日子。

有一天，鄰人看到樵夫的小鳥，告訴樵夫說，牠看過一種金鳥，比牠漂亮上千倍，而且，歌也唱得更好聽。樵夫心想，原來還有金鳥啊！

從此樵夫每天只想著金鳥，再也不仔細聆聽小鳥清脆的歌聲了，而且總是幻想著，如果要是能擁有金鳥，該有多好？

後來有一天，小鳥的傷勢已康復，準備離去，便飛到樵夫的身旁，最後一次唱歌給樵夫聽，樵夫聽完，感慨的說：「你的歌聲雖然好聽，但是比不上金鳥；你的羽毛雖然很漂亮，但是比不上金鳥的美麗。」

小鳥唱完歌，在樵夫身旁繞了三圈告別，向金黃的夕陽飛去。

樵夫望著小鳥，突然發現小鳥在夕陽的照射下，變成了美麗的金鳥；他夢寐以求的金鳥，就在那裡，只是，金鳥已經飛走了，再也不會回來了。

想想我們人生，是不是常常在名利欲望的追求下，不知不覺地變成了樵夫自己卻不知道？其實金鳥就在自己身邊。所以人的一生都應該要不斷學習如何克制自己的慾望，而最好的方法就是知足，珍惜自己所擁有的一切，努力活在當下，多分享自己所擁有的一切，那麼人生才會有真正的幸福與快樂。

人生，別做塊石頭！

—— 了解自己，每個人都是無價之寶

　　有一個小和尚跑去請教一位很有智慧的師父，他跟在師父的身邊，天天問同樣的問題：「師父啊，什麼是人生真正的價值？」問得師父煩透了。

　　有一天，師父從房間拿出一塊綠石頭，對小和尚說：「你把這塊綠石頭，拿到市場去賣，但不要真的賣掉，只要有人出價就好了，看看市場的人，出多少錢買這塊石頭？」

　　小和尚就帶著綠石頭到市場，有的人說這塊綠石頭很大，很好看，就出價兩塊錢；有人說這塊綠石頭，裡面一定含有真玉，就出價十塊錢。結果大家七嘴八舌，最高也只出到十塊錢。小和尚很開心的回去，告訴師父：「這塊沒用的綠石頭，還可以賣到十塊錢，真該把它賣了。」

　　師父說：「先不要賣，再把它拿去黃金市場賣賣看，也不要真的賣掉。」

　　小和尚就把這綠石頭，拿去黃金市場賣，一開始就有人出價一千塊，第二個人出一萬塊，最後被出到十萬元。

　　小和尚興沖沖跑回去，向師父報告這不可思議的結果。

師父對他說：「把綠石頭拿到最貴、最高級的珠寶商場去估價看看。」

小和尚就去了。第一個人開價就是十萬，但他不賣，於是二十萬，三十萬，一直加到後來對方生氣了，要他自己出價。小和尚對買家說，師父不許他賣，就把綠石頭又帶了回去，對師父說：「這塊綠石頭居然被出價到數十萬。

師父說：「是呀！我現在不能教你人生的價值，因為你一直在用世俗的眼光在看待你的人生。就像這顆綠石頭一樣，不同的環境與不同的人，會認為有不同的價值，而人生最有價值的地方，應該靠你自己去發現！」

不知您可曾認真地思考過，自己的價值在那裡呢？或許您會說，自己是親人子女的依靠，他們少不了您；或是您是公司的重要幹部，掌握了公司重要的關鍵技術；或是您是一位知名電視演員，觀眾們喜歡您。然而人生是多變的，有一天親人或許會離我們而去，公司或許會倒閉，節目或許會停止，可是這時候我們的價值難道就消失了嗎？我想絕對不會吧！

其實人生的價值是無限的，因為世界上就只有一個您，可是我們如果只用世俗的眼光來看，往往就會有很多偏差了。就像上面那個小和尚的故事一樣，總是對人生的價值摸不著頭腦！

想想看，我們是否總是按照世俗的標準汲汲營營地追逐我們的慾望，然而卻忽略了長久以來，自己內心中的那塊市場，甚至因為別人的一句話，讓我們心灰意冷，喪失鬥志；或是因為別人的一句讚美而得意忘形、趾高氣昂，然而這都是因為我們不了解自己真正的價值所在。不知您是否有想過，世間上最有價值的東西是什麼？是黃金？是鑽石？可是當戰爭或飢荒的時候，一個麵包的價值可能比黃金、鑽石還要重要。

就好像有一個故事說，有兩個女人，一個長得美，可是另一位卻奇醜無比，美女總是看不起醜女，可是卻又喜歡和醜女在一起，因為這樣才能顯出自己的美麗，可是有一天在山路上遇到一群土匪，土匪看見了，自然看上這位美女，對她百般調戲凌辱；可是對醜女卻視若無睹，而醜女因此逃過一劫！所以，人生的價值，沒有絕對的好與不好，很多事情都是好壞相伴，就像前面故事中那位師父所說的，不在於外在世俗的評價，而是在我們自己的內心，更需要我們自己去發掘與尋找。人生，唯有認清了自己，了解了自己，接納了自己，最後不斷地磨練自己，給自己成長的空間，那麼我們每個人都能成為「無價之寶」。

富翁的如意算盤

—— 錢有四隻腳，懂得動腦，才能跟著跑

　　創新與財富其實沒直接的關係，不過在二十一世紀資訊爆炸的時代，創造財富已經不能老是再用過去的方法了，因為創新就能創造機會，有了機會才有一個開始，有一個發展的立足點，而要進一步創造財富想必也是指日可待了。

　　在報上看到這樣的一個報導：有一位老翁想要將他的高爾夫球場求售，以換取現金，可是在美國類似的高爾夫球場，可以說不計其數，如果想要將球場在短期內賣掉，除了賤價拋售之外，似乎沒有任何的方法。而老翁又覺得他的球場市值至少有兩百萬美金，如果賤價銷售，不僅要付一筆仲介費，自己也要損失很多。不過這位老翁有一天靈機一動，想到如果我能夠找到一萬人來競標這塊球場，而每人只要收取兩百元的競標金，而競標者必須寫一篇要如何經營這個球場的報告，如果寫得最好的人，那麼就可以一元賣給這位競標者。的確這位老翁一登報，寫出一元買一座高爾夫球場的消息之後，果然吸引了很大的迴響。其實這位老翁所打的如意算盤，就是一個創新的想法，而這個創新的想法至少給這位老翁創造了一個機會，試想如果參加競標的人如果超過了一萬人，那麼老翁的獲利甚至比預期的還要多，如果要按傳統方式求售，不僅自己要承擔損失，恐怕連賣不賣的出去都還有問題呢？

　　另一個也是有關創新後來創造財富的例子，有一個賣牙膏的總經理，對於產品的銷售成績老是不理想而大傷腦筋，於是便召集了重要幹部協商產品銷售

會議，希望能研擬出一個辦法能將產品的銷售量增加。這時有人就提出找一個知名的演員來做產品代言，有的人也建議增加在廣告以及電視媒體的曝光次數，不過忽然有一位年輕的員工，就說：「何必如此大費周章呢？只要我們把每條牙膏的出孔口徑加大0.1公分，牙膏長度減少一公分，寬度減少0.3公分，自然我們每個月就可以增加將近十萬條的數目。」後來果然公司照著去做，同年的銷售業績不但馬上增加了百分之十五，而且還打破了過去十年來的最高銷售紀錄呢。

　　因此創新的確能為我們創造財富，只不過對於創新的那個原始想法與創意到底要如何產生呢，有很多人可能是百思不解的，我想這可能和思考與邏輯能力的想法有關吧！畢竟好的創意也必需要由日常生活中去發掘，細心地去觀察與體會，並且不斷地去思考去推敲，然後才能由雜亂地思緒中，領悟出一些道理，不過我相信有時候創意也需要環境的配合與一點點的天分吧！

　　二十一世紀，是一個競爭激烈以及變化快速的世紀，而科技發展以及網際網路的崛起，使得資訊大量的產生與快速的傳播，然而一般人如果面對此一龐大的資訊，卻很少人可以很有效率的加以整理吸收或是運用，因此在新時代，我們的學習方式與方法就顯得更為重要，學習是人類天生的本能，然而對知識與技能隨著時間而遺忘卻也是不

可避免的事情，因此在學習過程中，如何有效學習，幫助記憶，學得輕鬆，最後又能久久不忘，便是很重要的一些問題了。

此外新時代的職場工作變化快速，傳統時代靠學歷吃飯，或是「鐵飯碗」的情況，已經不多見，取而代之的是分工極細，要求專業，多元化，高彈性，強調創新以及自主的工作型態，新時代的年輕人最大的挫折便在於抱持著崇高理想，可是卻無法找到適當的就業機會，一畢業即失業，而許多中年人也往往受到工廠倒閉，國營企業民營化而失業，因為高度的自由貿易競生，使得即使生產一個汽車，它的螺絲釘都被要求得完美無暇，所有不符規格的零件都將在要求嚴格的品質管制過程中被淘汰，所以新時代是一個現實以及高度競爭的社會，所以我們每個人都應該即早體會這一事實。

不過可喜的是，新時代也許是一個絕佳的機會，我們可以看到很多成功者，靠的不是學歷，也不是關係，而是腳踏實地，苦幹實幹的決心與毅力，更有不少年輕的企業家，白手起家，靠的也不是家財萬貫，或是顯赫的家世，而是一個創新的觀念與想法。

新時代，是我們每一個人的時代，但時代會不斷的考驗我們，也因此我們要不斷學習，而且要終身學習，知道自己要學什麼，利用網際網路，或是各種方式去找尋學習的資料，找學習的目標，找學習的資源，最後我們也要能夠學以致用，融會貫通，突破與創新，這樣我們才有機會創造屬於自己的時代，創造自己的未來。

人死留名，豹死留皮！

—— 錢不是萬能，有錢更要有智慧

　　有人常會被問及希望過一個怎樣的生活？很多人都會回答：「希望有一個收入不錯的工作，過一個舒服而不用擔心沒有錢的生活。」在二十一世紀，這是普遍而且必然的現象，我想沒有人會希望自己過一個貧窮，或是物質缺乏的生活，只可惜金錢、物質與財富很少有人能夠真正的掌握它而且妥善的運用它，不受影響。所謂「人心不足，蛇吞象。」人性有很多善良敦厚的一面，往往在追逐金錢的遊戲之中消失殆盡，最後落入貪得無厭，無法自拔的深淵。

　　我們往往認為擁有財富可以滿足自己很多需求，可以用金錢換取很多經驗，可以獲得物質上的享受，也有人更認為有錢比較有價值，也同時比較有社會地位，而低收入者在社會上往往是被忽視的。相反的也有人認為擁有財富是一種罪惡，應該將財富分與眾人，因此讚美貧窮，認為窮人是值得同情與照顧的。然而這兩種想法都是偏激與不正確的，因為財富本身並無絕對的好壞，只在於如何運用它，過分地貪求財富，不知滿足才是萬惡之源。

　　所以我們努力工作，追求與擁有財富的生活，並沒有錯，但重要的是在追求財富的同時，我們也應該學習如何善用財富去做一些有益於自己、家人，甚至於國家人類的事情。相反的，人生不如意十之八九，如果不能擁有滿意的財富，我們也不應該有厭惡貧窮的心態，而應該要讓自己過得簡樸自在，因為貧窮和簡樸是不同的，厭惡貧窮的人，可能內心充滿了不平、怨恨、自卑；而簡樸卻是超越物質拘束之外，內心知足常樂的一種生活智慧。

　　財富與人生，雖然息息相關，但是擁有財富並不代表擁有幸福，或是擁有快樂，因為幸福快樂是發自內心的感受，所以穿金戴銀未必快樂，而粗茶淡飯也未必悶悶不樂。重要的是在於我們是否能體會出生命的短暫，了解人生的種種歡樂無非是過往雲煙，因而更懂得珍惜自己所擁有的。不知您可曾想過人生之旅，何處是歸程？我們將來往生後，又將要向何處去？有一首歌的歌詞是這樣的：「開著好車怕人偷，娶個嬌妻怕出牆，住在高級房屋難打掃。」此歌雖風趣，但也點出世人在不知不覺當中已成為車奴、房奴、股票奴，而忽略了生活的智慧，久而久之，在與親人朋友相互誇耀自己財富名望的同時，卻也造成

了「日無好眠、食不知味」的庸碌生活，這種的人生其實才是貧窮的人生，不僅窮，而且窮得可悲！

有一次在朋友的家裡，發現他在牆上貼了一幅自己寫的書法，不僅他的字寫得很漂亮，我覺得裡面的文字更有意義：

錢可以買到房子，卻買不到家；
可以買床，卻買不到睡眠；
可以買鐘，卻買不到時間；
可以買食物，卻買不了胃口；
可以買書，卻買不了智慧；
可以買到地位，卻買不到敬重；
可以買藥，卻買不到健康；
可以買保險，卻買不了安全；
可以買血，卻買不到生命；
可以買到性，卻買不到愛。

錢非萬能，人生真正的財富，是一種知足常樂的智慧，隨心所欲，怡然自得，不為外物所限制，更不被自己的內心所蒙蔽。俗語說：「人死留名，豹死留皮。」金錢乃身外之物，我們死後也帶不走，唯有人生在世所留下的思想與精神才可以永垂不朽，想想古今中外的先聖哲人所留下的不都只是精神與思想，有誰能真正擁有永遠的財富呢？

Part❹〔科學篇〕

了解科學的內涵，會讓人生更理性

科技帶來文明，

但並不能使人變聰明，

了解科學，

才是增長智慧的第一個方法。

科學的美感
—— 科技最大的敗筆，在於透過「人」的方式呈現

　　根據考古學家研究，埃及人在西元前三千多年時，就曾經運用幾何圖形來解決日常生活問題。例如古埃及時代，尼羅河常常氾濫，所以埃及人必須運用幾何學知識來精確地丈量農田，設定界限。其他像法老王的金字塔，更是一座歷史上最偉大、最完美的幾何圖形。

　　其實，幾何學可以算是人類最早的科學之一，然而幾何學卻是源自於人類對於美的追求：看到皎潔的圓月，人們便會想，如何利用工具畫一個圓？後來便發現，設立一個中心點，拿著一段繩子與筆，繞著中心點旋轉，便可以畫出完美的圓。可是，直到幾千年以後，希臘數學家歐幾里德在他的《幾何原本》一書中，才以數學方式表示出圓的周長等於 $2\pi r$，圓的面積等於 πr^2，所以科學往往是源自於對美的事物的一種觀察，然後經過不斷的實驗，最後才找出一點規律與秩序。

　　如果我們仔細觀察自然界，我們便會發現很多美的東西必定是合乎科學的。秋去冬來，一年四季之美，原來這是地球與太陽位置與角度不同所造成的；雨過天晴的美麗虹彩，原來是太陽光線透過雲層上空的水珠折射所造成的；光耀奪目，璀璨輝煌的鑽石，原來它是完美的八個碳原子組合而成的分子結構；走到北極，夜晚天空所看到色彩繽紛，美侖美奐的極光，原來是太陽活動所發出的質子與電子，受到地球極地磁場的氣體摩擦作用所產生的美麗光

束。所以美的東西,往往是有科學根據的,人類也因為對大自然的美,有所體悟,才有今天科學的研究成果,如果人類看到夏夜浩瀚無垠的靜夜星空,看到日月星辰周而復始,如此規律、如此恆久,可是心中若沒有一絲絲嚮往,沒有一點美的感覺與想像,那麼,人類今天可能都還是過著蠻荒的原始生活吧!

我想,人類追求美麗事物與探究大自然神奇奧秘的天性,導出了人類對科學的研究,而科學的發達,的確讓人們可以登高山,跨大海,呼風喚雨,自豪地做起主宰萬物命運的使者,只可惜科學所衍生出來的科技,卻未必存在著美,甚至可以說傷害了科學原本的美。

我們今天看到很多科技文明的產物,可是又有多少能夠真正帶給我們美的感覺呢?就拿都市的建築來說吧!一棟棟高樓聳立的大廈,可是卻參差不齊地排列著,五光十色的招牌與廣告看板,就像一塊塊撒隆帕斯,貼在每一棟建築物的外表,走在街上,急馳呼嘯而過的摩托車、汽車,常常震得我們頭皮發麻,心情也往往渾噩不堪,這種感覺就好像開著一台名貴的賓士車,忽然您卻發現,駕駛人以高超的行車兼開門技巧,吐出一口檳榔汁,這是一種極不平衡而又刺眼的感覺,然而科技往往是以這種醜陋與不協調的樣式呈現。

我想科學最偉大的成就,在於用最簡單的方法找出大自然的規律、美的一致,化繁為簡。然而科技最大的敗筆,卻在於企圖透過「人」的方式,將科學的風貌呈現,可惜的是,科技如果缺乏了美學的素養,往往是不規則與散亂的,甚至是醜陋與罪惡的!

人生不必然需要科技,如果我們懂得科學的精神,懂得培養心中的美感,那麼我們一樣可以創造出美麗的人生。

世界棋王

—— 電腦雖能精打細算，但始終缺乏人性

　　一九九七年IBM以「深藍」（DeepBlue）超級電腦與全世界的西洋棋王卡斯帕洛夫（Garry Kasparov）對奕，在紐約舉行的六局棋賽當中，「深藍」擊敗了卡斯帕洛夫，成為第一部在正式棋賽中擊敗世界級棋手的電腦，並為電腦發展史寫下新的里程碑。而「深藍」是一台具有極高效能的平行運算電腦系統，它能在每秒鐘之內思考二億個棋步，當然人類要自嘆不如了，不過這台超級電腦充其量也只不過是一個運算速度極快的電腦，要稱得上具有智慧，可以思考，那都還差得很遠呢！

　　想像若是一個具有像人類一樣智慧的機器人，可是它卻不會像人類有許多劣根性，不會「嫉恨」、「猜忌」、「遺忘」、「恐懼」、「懶惰」，那麼這個機器人，一定是老闆眼中最得力的助手，家長眼中最好的老師，顧主心中最好的幫傭了。只是要電腦具有超級的記憶與運算能力，絕不是件難事，可是若要電腦學會如何自然的「忘記」事情，或是要電腦懂得如何「偷懶」，可就不是件那麼容易的事了，其他更不用說，要如何使電腦能夠具有感情，像幾年前，紅遍一時《神通電腦情人夢》的電影情節，那根本就是無稽之談。

　　人類之所以會想要把電腦塑造成具有「人」的性格，可以下棋，可以模擬許多事情，最主要還是在於人對於自己「人性」中不完美，所做的期望與理想吧！人之所以不同於一般牲畜，在於有思想、有情感、有智慧，然而人性中，

卻也有許多劣根性。人性中的醜陋與邪惡，不管透過法律、宗教，或是教育，都無法有效的遏止與阻絕。說不定那一天人類科技真正發達到可以製造出完美無暇的機器人，沒有人類的不良劣根性，恐怕人類也會羞愧得無地自容，甚至希望這種機器人消失，而一場機器與人的鬥爭，恐怕又要發生了！

　　其實人類最可貴之處，乃在於具有高超的想像力與創造力，然而這想像力與創造力，應該是上帝所賦予人類的最大天賦吧！試想人類要是沒有這兩樣能力，那麼人類現在恐怕與奔馳在非洲草原上的美州豹、野馬、羚羊等等動物差別不到那裡吧！看看Discovery 的節目，我們自然可以了解到自然界的生物是多麼地卑微，弱肉強食地與各種生物競爭，然而辛苦所換來的也只是一餐溫飽而已！然而人類由於可以創造與想像，讓我們超越了大自然的先天限制，成就了許多了不起的事蹟，所以有人說「人定勝天」，雖然在哲學家的眼中來看，這是有點自大與狂妄的想法，然而人類要是沒了這種迎向挑戰，不畏艱難的勇氣與決心，恐怕人生也是非常有限的，所以同樣是地球上的人，有人可以閒閒地坐在星巴克喝杯熱騰騰的咖啡，然而一樣有人必須躲在街角，向路人乞討微不足道的施捨。

　　或許人各有命，然而在命運的背後，我想也有一些運氣與努力吧！好運如果沒有及時的掌握，不懂把握運氣去創造機會，那麼運氣也只能像晴朗天氣裡旭日東升的陽光，對偷懶貪睡的人來說，是感受不到任何溫暖的，或許人生不盡然天天碰得到好天氣可是只有天天早起，常保一顆期待與開闊的胸懷，那麼任何一次的好天氣，和熙溫暖的朝陽，都會讓人充滿更多的活力。人生其實機會俯拾皆是，只怕我們都太過無知，那麼命運就只能是人生的包袱而已。

不死政策

—— 科技發展，不應違反自然

　　一九九七年七月英國科學家威爾莫特（Ian Wilmut）開創生物複製技術，成功複製出綿羊多莉。首先，他成功地從一頭雄性成年綿羊的乳腺組織中抽取細胞，加以培植，再將其細胞核，植入一個已除去原有細胞核的卵子內，放進代母綿羊體內孕育，結果順利產下一頭在遺傳特質上與原先被抽取乳腺細胞那頭一模一樣的綿羊。

　　首隻複製動物多莉綿羊曝光後，引起複製動物潮，然而亦惹來不少爭議：有人認為可借助此技術，大量複製瀕臨絕種的動物，或是製造治療用的藥物和器官；可是也有人擔心此技術可能會助長優生學，侵害人權，甚至導致複製人出現，有違道德，應予以限制。

　　提起生物科技，一般大家都會想到生物複製方面，相信很多人都會想起，科幻片中複製人取代真人，為害人間的故事情節，然而在現今的科學界中，生物科技所包含的範圍其實是相當廣泛的，最主要的還是指「利用生物的特性來製造產品，解決生活上的問題及增進生活品質的各種科學技術。」而生物複製技術，或是基因工程都只是生物科技中的一部分而已。事實上，生物科技早在數千年前就開始了，例如釀造食品（醬油、酒、醋）、發酵、釀酒等等技術，都有幾千年的歷史了。

　　不過現在一般所謂的生物科技，多半是指「新興生物技術」而非「傳統生

物技術」，新興生物技術，最早從七○年代開始，隨著分子
生物學的蓬勃發展而有革命性的進展，後來才逐漸衍生
出其他如遺傳工程、細胞融合、細胞培養、基因
轉殖動植物、生物複製等等不同的領域。然而就
目前人類生物科技的技術能力而言，人類要成
功地複製一個生物仍然有很長的路要走，如果
大家有留意的話，便會發現在複製羊的過程
中，有一代母的角色，科學家將複製的細
胞，利用代母懷孕才能生下複製的多莉綿
羊。複製和生育其實很相似，所生出的都是
嬰兒，例如拿一個九十歲老頭兒的基因去複
製，無論代母是誰，複製出來的是個男嬰，而
不是一個老頭兒。這並不像小說或電影中所描述，
一下子便複製成一個完全一模一樣的成年人來。

　　另一方面也值得一提的是：在複製羊的過程中不需要雄性精子，有點像無
性繁殖的樣子。然而無性繁殖的缺點，在於被複製的個體與母體本身並沒有差
異性，不像有性繁殖，子女在外表不會完全像父母一樣，也就是隔代之間會有
差異性，然而無性生殖以及複製生物，雙方則是完全相同的個體。可是在演化
上來說，物種間沒有差異性，一旦環境改變，那麼所有的相同的個體就有可能
全部遭到滅絕。

　　生老病死，可以說是所有生物共同的特性，也是自然界所不變的法則。佛

家解釋宇宙萬物本來的常態就是空，生物的出生到死亡，也只不過是「空」的一個變化過程，不過人類總是有「人定勝天」的雄心壯志，想要改變這個千古不變的法則。根據美國最新的一期醫學雜誌報導，一名年約五十多歲的病人，在接受了人工心臟移植手術後，本來已經病入膏肓的情況，在休養一星期之後，這位病人，已經可以下床活動，自由進食，不過病人說，他唯一不習慣的是，再也聽不到自己的心跳了。

這則新聞，令我想起醫學的進步，的確讓人們壽命增加了，而人類基因藍圖也幾乎全數破解，如果人類將來在衰老基因上動手腳，利用人工器官，人類很有可能活上幾百年。而自古以來「長生不老」的美夢，似乎就有可能實現。但哲學家與宗教家們，對如此的看法，則抱持相當反對的態度，因為生命大幅延長了，滿街都是幾百歲的人瑞，會不會又是另一層面的社會問題呢？或許將來，大家都「不死」，那又何需再添「新生」？中國對都市的人口計畫，有所謂的「一胎化」政策，說不定將來，又得實行「不生」政策，要懷孕生小孩，恐怕得先等到有人意外死亡，或是自願死亡，才可獲准。我想這可能又是人類科技醫學發達之後，所意想不到的結果吧！

無知與人禍

—— 無知是人生的毒藥，而傲慢卻比無知更為可怕

　　幾年前，有部電影，叫做《親愛的，我把孩子們縮小了！》（Honey, I Shrunk the Kids），劇情是說古靈精怪的韋恩博士發明了能將任何事物縮小的雷射光機器，正當他在進行實驗的時後，卻不小心將孩子們縮小了！而四個小孩面對龐大無比的世界，忽然發現四周環境充滿了前所未知的危險，小狗、小貓與家中的老鼠、蟑螂、蒼蠅、小蟲子都成了恐怖的大怪獸！孩子們只好到處躲藏，最後韋恩夫婦才有驚無險地找到了孩子，將他們還原，而這一連串有趣的故事，至今仍然讓我印象深刻。

　　這部電影讓我想起，偶爾在我桌前覓食的小螞蟻，有時成群結隊大搖大擺地從我面前走過，我常在想，如果牠們知道我正眼睜睜地瞪著，甚至要把牠們給掐死的時候，牠們還能如此悠哉嗎？有一次，我便拿起了筆尖，對他們挑逗一番，看看他們有何反應。驚訝的是，當發生危難時，螞蟻的行為舉止，與我們人類，幾乎無所差異。大家四散奔逃，原有的隊伍完全瓦解，有的放棄了手中得來的食物，拼命奔逃；但也有不少，寧死也不肯放棄手中好不容易得來的那塊小碎渣，然而在我不注意時，更有一隻螞蟻不知天高地厚，居然爬到我的手上，咬了我一口。本想一指把牠給掐死，可是想想，在螞蟻的世界，牠可是位不折不扣的大英雄呢？於是索性就放了牠一馬。可是有時候看看螞蟻的世界，我驚訝的發現，居然與我們人類的世界，是如此的相似，雖然牠們是如此

地渺小，可是有時候，想想我們人類，不也一樣嗎？當危險就在我們身邊的時候，可是常常因為我們的無知，因為我們的貪婪，卻視若無睹，就像大部分的時候，螞蟻根本無視於我的存在，似乎是一樣的情況。

有時我也在想，無知到底是好是壞的呢？就像螞蟻對我的所知是微乎其微的，可是當牠們驚覺我這樣一個龐然大物，出現在牠們身旁時，即使我並無意去傷害牠們，我想牠們能不驚恐害怕，也是很難的。可是如果牠們沒有受到我的干擾，我想他們可以正常的工作生活，過著悠哉的日子，但是由於我的出現，由於我的戲謔，小螞蟻兒們，成了我玩弄的對象，我想此時此刻牠們是可憐與無辜的。要是我怒氣大發，肯定這些小螞蟻會成為我的刀下亡魂。可是想想我們人類自己，有時候，我們人類又比螞蟻好多少呢？

在我們人的世界，每天不一樣也是有許多無辜的人，只因為其他人的自私自利，貪圖無厭，犧牲了許多人的自由、權利，甚至浪費了寶貴的生命。雖然在現今二十一世紀，科技如此發達的時代，地球上每天仍有超過半數以上的人口，瀕臨饑餓的邊緣，無依無靠。而這些人的命運與價值，又與一隻小螞蟻差別多少呢？

之前伊朗曾發生了史無前例的大地震，據估計，已經有將近兩萬多人喪生，五萬多人受傷。雖然這只是一個自然界的天然災害，然而我們又怎知道這不是因為人為的因素所造成的？記得在美伊戰爭之時，美軍大規模地在伊拉克領空，投下巨量的震撼炸彈，然而不少科學家就認為，這可能會引起地殼強烈的變化。雖然沒有直接的證據顯示伊朗的大地震與美軍轟炸伊拉克有直接的關係，然而就地理位置來看，伊朗與伊拉克如此緊密相連，也不由得不讓人引起

這些聯想。

近幾年來，人類嚴重地破壞自然景觀，越來越嚴重的環境、水源與空氣污染，造成溫室效應，乾旱水災不斷，都一再地顯示了人類所處的環境，已經險象環生了！如果我們仍然無視於這一切的變化，就會像那小螞蟻無視於我的存在一樣無知，雖然這是小螞蟻們的宿命，然而人的無知卻完全是我們自己所造成。畢竟，上帝賦與人類最大的潛能，擁有萬能的雙手與聰明的才智，所以人類才能超越各種生物，成為主角，而擁有大自然的資源，可是如果我們不能珍視這一切，仍然自私自大，無知妄為，那麼人類因為無知所導致的禍害，就真的是咎由自取了！

真正的無知，就是那種憑藉著一點點的小聰明，就企圖在一個智者面前，班門弄斧，在關公面前耍大刀，就像孫悟空在如來佛面前始終難逃掌心一樣，人類雖然因為科技的發展，因為人類的合作與努力，克服了許多天然的障礙，建造了一個自認為偉大的人為世界，然而在天地之間，在老子的「道」之間，在「大自然」面前，我相信人類仍是無知的，就像一隻魚兒在水裡活了一輩子，它對水的了解能有多少呢？更何況它要如何去了解，是活在魚缸亦或是在大海裡呢？

不過無知，雖然並不是一件好事，然而自以為是，目中無人的傲慢自大，要比無知更為可怕與危險。在歷史上，我們可以清楚看見，多少自以為是的獨裁者，也因為他們個人的自大妄為，毀滅了多少的千古基業，秦始皇、史達林、希特勒、日本皇軍，荼毒了多少生靈？天災固然可怕，然而因為傲慢自大所造成的人禍，恐怕比天災更可怕數百倍而尤恐不及吧！

窮人的天堂

—— 人生若不懂科學精神的內涵，科技只是一場笑話

著名的經濟學鼻祖－－亞當史密斯，曾經在他最重要的巨著《國富論》一書中提到一個觀念：「人們為了追求自己的利益與利潤，便會願意將自己私有的資產支持其他的人，所以也往往增進了別人的利益。」他曾舉過一個例子。「麵包店的師傅之所以願意清晨五點多起床，辛苦地做麵包等買早餐的客人，完全是為了自己的利益，而不是只為了賣麵包給客戶而已。因此從十八世紀末到一九三〇年代，多數的經濟學家都認為政府扮演的經濟角色越少越好，政府應該盡量少干預人們的經濟活動，給予最大的自由，如此可以不斷地增加社會的經濟繁榮，社會的資源便可以充分的利用與分配。」不過亞當史密斯所說的資源被充分分配與利用的現象，在歷史上一直並未出現過，反而到了一九三〇年代，經濟反而出現嚴重的大蕭條，使得政府不得不加以干預問題越來越嚴重的貧富不均，失業等資本主義下的經濟問題。

不過談到了資源分配，貧富問題，中國人在很早的時候，在《禮記‧禮運大同篇》，就曾經提出「天下為公」的觀念，雖然這只是一個理想，不過我想在網路發達的二十一世紀，「天下為公」的理念幾乎可以說已經實現了。因為在訊息透明的網路時代，每個人都可以充分獲得更多的資訊，各盡其能，各取

所需，很多時候，在網路瀏覽一番，往往使我驚訝不已，如獲至寶。不像幾年以前，資訊往往被地域，國家與不同的族群給阻斷，所以我們選擇有限，再不然就是得花費昂貴的金錢，去購買書籍或原始資料，可是現在，只要登上網路，很多資訊便垂手可得。然而這些提供資訊的人，雖然有些是為了商業的利益，或是純粹個人的興趣或嗜好，可是大多數的人都是本著分享的心態，希望把自己所知道，所擁有的資源免費的提供出來，大家一視同仁，而這不就是一個「天下為公」的最好寫照嗎？所以我們可以輕鬆在網路上查詢到許多有用的資源，學術研究，讓資源可以充分地共有與共享。所以有人就認為，網路是窮人的天堂，什麼好康的東西都挖得到，像最近更流行起 Pear to Pear（點對點）的分享伺服器，所以有些人更可以下載到許多有用的程式、MP3歌曲、動畫影片等等，雖然智慧財產權的問題，一直為大家所爭論不休，但我相信，將來只要網路存在，這種情況就會越來越普遍。

然而這種情況使我又想起亞當史密斯的經濟理論，畢竟網路是無國界與無政府的自由狀態，所以亞當史密斯所提到的充分資源分配，竟然在網路上發生了！我們很難說這不是一個好現象，畢竟，對大多數的人來說，可能他可以用便宜的價錢，買到自己所想要的物質或是資訊。雖然我並不認為唱片一定要賣便宜，可是我不禁要問，一張原版唱片動輒要三、四百元，可是盜版市場只賣五、六十元，然而我也常在想，客戶為什麼願意去花較多的錢去買正版的CD，它的價值在哪裡呢？雖然我並不鼓勵盜版，但我認為，價格低時，或許更能刺激銷售量，有更多的人可以買的到正版的CD，不是更好嗎？如果今天正版唱片和盜版唱片價格差不多的話，我想大多數的人會選擇正版的，只是多數的唱片

廠商，為了自身的利益，並不願意如此將唱片價格壓低，害怕所投資的成本無法回收。然而我們可以看到，在台灣唱片的經營已經越來越困難了！而傳統的那一套只重包裝行銷，卻不重內涵的銷售理論，終將有所改變，如果好的東西，有更多的人可以用更便宜的價錢擁有，我覺得這是民主時代可喜的現象，而這種趨勢，歷史不斷地在上演，就像幾年前，一台Hi-Fi的錄放影機，要數萬元，現在一台高檔的DVD放映機，幾千元就買到了。

其實，網路時代的來臨，可以想見的是資訊與人的結構，起了很大的變化，它不再受空間與時間的限制。今天您可以在網路上看到最即時，最新鮮的資訊，它二十四小時都在那裡，然而不小心，您也可能進入一個遠在天邊的國度，來一趟神奇之旅，這種體會與經驗，是人類史無前例的創舉。雖然網路不代表一切，但我相信，科技絕對會改變人生，就像過去電燈、電話、電視、汽車、電腦改變人類現在的生活一樣。我們不必過分地崇拜科技，然而生活在科技時代，不了解科學的精神與內涵，就好像穿了一個名牌襯衫，坐在高級西餐廳裡，可是卻口嚼著檳榔，粗言粗語的高談闊論，這種不搭調的畫面與感覺，一樣也是令人啼笑皆非的。

會聽話的電腦

―― 科技力量雖然偉大，但更應該合乎人性

　　到電腦賣場逛逛，看到一個奇特的海報宣傳，標題寫著：「您的電腦會聽話嗎？」好奇心的驅使，所以我便進一步去了解，原來是一個新的軟體，可以辨視我們說話的聲音，只要對電腦說話下達命令，電腦就會照著我的指令，完成工作，就像科技電影裡面的劇情一樣神奇。此外，這套新軟體，還可以選擇要用男生發音還是女聲發音，並且強調，所有聲音皆為真人錄製。我覺得挺有趣的，便買了一套回家用用。也許是我的期待太高了！使用之後，坦白說，這個號稱國內最強的語音輸入軟體還是讓我有些失望！最大的問題在於辨識軟體的正確性，常常說東給西，雞同鴨講，明明說的是「村長」，可是電腦卻給他聽成「成長」，試了好幾次還是一樣，真是令人氣結。此外有時候兒子在旁嬉鬧的聲音，也會造成電腦的錯誤訊息，所以最後還是決定不再使用了！

　　不過從這裡，讓我想到電腦畢竟是不懂思考與學習的，一切都是預先設計好的程式。電腦雖然可以巧妙地播放出人類說話的聲音，但是它只學習到一個皮毛，有時發現，自己竟買了一個呆人軟體，必須用著平板與單調的語氣對著電腦說話，就像電影《星際大戰》裡的C3PO機器人一樣好笑，是不能帶有一點沙亞或是感性的聲音，否則電腦必定會出現錯誤訊息，或是叫您重新輸入指令。這種感覺，就好像到一家餐廳吃飯，明明每次點的是蛋花湯，結果送來的總是蛋炒飯，我想任何人都會氣得跳腳的，然而電腦往往就有這種改不了的老

毛病。可是像兩歲的兒子，雖然以前還聽不太懂我說眼睛、鼻子或是嘴巴是指那裡，叫他關電視、收玩具，也聽不懂，可是經過我和太太的教導，現在他已經完全聽得懂我們的意思了！這種驚人的學習能力，對電腦來說我想恐怕是天方夜譚吧！

然而我也發現，兒子雖然漸漸聽得懂我所說的話之後，也漸漸地有許多脾氣與個性產生，有時候不讓他多看一下電視卡通，或是不帶他出去玩耍，兒子便會氣得哇哇大哭，我和太太得哄了老半天，他才肯乖乖聽話。我想這也是人類與生俱來的天性吧！好與壞，都是相伴而生。從小我們期望著孩子快快長大，能夠趕快聽懂我們所說的話，然而當孩子漸漸長大，漸漸聽得懂我們所說的話時，我們卻又發現，一種藏在內心的人性與意識，就在一個幼小的心靈中慢慢發展。然而為人父母者，也不能不小心翼翼呵護著，用愛心教育，讓他分辨是非與善惡，否則環境的力量，我們是無法叫一個聰明的人，讓他不懂得詭詐，或是叫一個能力強的人，不會去欺壓善良，同樣地，我們更不可能叫一個不懂思考的人，去發明與創造。

人類要發明一台電腦，能夠辨識人類的語言，我想以現今的科技絕對不是一件難事。只是製造一個沒有情緒、沒有感情與意識的機器，面對我們感情豐富，思想複雜的人類自己，我不禁要質疑，這樣有何意義呢？如果只是想找個

人可以說說話，或是一種科技性質的實驗，我想這也真是無聊透了！

電腦語音辨識軟體，或許是電腦科技的一大突破，然而就像許多科技產品一樣，您從科技的身上常常找不到任何具有人性內在的需求，然而忽略了這一點，您就會發現，很多科技產品，都只是一場笑話，就像一台巧奪天工的高級音響，等到您真正想要來點輕鬆的爵士音樂時，您才會驚覺這台音響沒有設計喇叭，這種啼笑皆非的事，卻天天在我們現代人的生活中上演，而且是越演越劇烈。

二十一世紀，人類已經無可避免地全面邁入了科技時代，然而科技最大的敗筆，就是忽略了人性意識的存在，然而人所以異於禽獸，是因為人類可以有高尚的道德意識，可是科技忽略了這個最重要的一點，所以大砲、導彈、原子、核能通通出現了！回顧過去二十世紀，人類遭受了多少災難？然而到現在，這種潛藏的危機，恐怕已經越來越嚴重了！我並不是要危言聳聽，可是當我們用用頭腦，仔細看看我們的周遭，您就會發現，山河在變色，大地在哭泣，其他的生物在驚吼吶喊！如果我們還沒有一點感覺，我不禁要問，我們還是人嗎？還活在人的世界裡嗎？

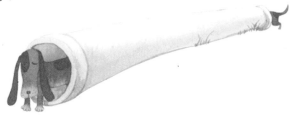

停電二十九個小時

—— 科技雖可以改善生活，但卻無法帶來幸福

　　前幾天正在電腦前打一封電子郵件，忽然就停電了！頓時一片漆黑，伸手不見五指，後來我知道，剛才所打的字，就得從頭來過了！還好不是很多，然而在停電時，真的是不知要做什麼，因為時間還早，也不是上床睡覺的時候，只好坐在桌前發呆。不過忽然的停電，倒讓我可以暫時拋開手中的工作，休息一下。這時讓我想起前一陣子發生在美國紐約和加拿大長達二十九小時的無預警大停電，據估計經濟損失超過十億美元，在加拿大，還因為火災與車禍，造成兩人喪生。

　　沒想到一場人為的疏失，卻造成了巨大的損失。或許十億元，我們很難感覺出它的價值，可是如果我們把十億元分給全台灣兩千三百萬的人，平均一個人就可以分到一千五百元台幣，雖然對台灣人來說並不多，可是對大陸許多窮困的鄉村農民而言，這可能是辛苦半年才能獲得的工資，然而如果我們再把這些錢，分給非洲孤苦無依，瀕臨飢餓邊緣的難民，十億元就足以拯救數百萬的難民與兒童，讓他們脫離險境。

　　根據聯合國發表的數字，目前全球仍有超過八億個人營養不足，約有三十個國家身陷糧食危機之中。聯合國糧農組織表示，國際社會在消除飢餓方面做得還很不夠。在發展中國家，約有兩成的人無法獲得足夠的糧食，全球每年有六百萬名學齡前兒童因飢餓而夭折，在非洲至少有將近一千八百萬個人，遭受

飢餓的痛苦。

　　儘管聯合國公佈這些驚人的數字，呼籲世界各國發揮人道援助，可是到現在為止，成效仍然非常有限。先進國家無不只關切自己國家的經濟與財政問題，為了種族問題、政治與經濟資源，世界各地的戰爭與恐怖事件仍然不斷，根據保守估計，美國九一一的恐怖攻擊事件，直接的損失，就超過了三千億美金，這還不包括重建與相關間接的社會經濟損失，若要將九一一事件之後，全球股市崩跌所造成的經濟損失也包含在內的話，那恐怕是一個無法估計的天文數字了！

　　無奈的是，人類總是不願放棄武力解決問題的心態，美國居然不顧世界各國的反對，仍然動用了龐大的軍隊與人力，出兵攻佔伊拉克，保守的估計，直接軍事支出約五百億美元；其他間接的支出例如，佔領與和平維持軍費約七百五十億美元、戰後重建約二百五十億美元、人道援助約十億美元。我們想想看，如果人類可以消除戰爭，避免恐怖攻擊，將那些浪費的金錢與物資來幫助非洲那些貧民，那麼地球上人類的飢荒與貧困是可以消除的。無奈的是，人類自私自利的想法，到最後，絕對是要付出慘痛代價的。

　　人類因為科技的研究與發展，脫離了原始蠻荒的時代，讓我們逐漸地擺脫自然界的限制，生活在一個人造的世

界，然而我們可以看到科技的時代，卻也帶來了許多未知的危險，製造了許多人為的問題，翻開報紙，我們可以看到許多令人震驚的社會害人事件、搶劫殺人事件、酒醉駕車、火災、爆竹工廠爆炸，這些事件的發生，不知造成多少人，無辜地遭受迫害，與非洲的飢餓難民相比，我想一樣是無奈與可憐的。

　　所以我時常在想，做為一個科技時代的人，到底是幸福的亦或是可憐的呢？在大都市裡，我們可以看到人的世界與空間是如此的狹隘，我們往往為了一丁點大的停車位，與人爭得面紅耳赤，再不然就是為了名利、地位，爭得你死我活，有錢人寧可花數百萬元，買一套高級音響，可是對世界的環境污染，對人道的救助與災難毫不關心。然而環境與社會的惡質化，我們往往不能一覺好眠，多少夜晚，我們會無端地被那刺耳的救護車或巡邏車聲給驚醒，以為又有什麼災難將要降臨。

　　其實科技雖然帶來了方便，改善了生活，但是科技不會帶來幸福。只有當我們能重視人權，懂得尊重生命，愛好和平，遵循「大自然」的準則，人類的未來才會有希望，否則人類永遠是科技產物下的犧牲品。

大魚缸

—— 科技無罪，然而必須以「自然」為本

　　從大學時代起，我一直都很喜歡養魚，最瘋狂的時候曾經養了三缸的水族箱，各種海水和淡水魚都幾乎被我飼養過了！不過長時間養魚的結果，讓我了解到魚兒會死亡的原因，大概可分為三種：第一是水質改變受到污染，例如有時候為了清洗魚缸，卻把魚缸內有用的生化細菌給一起清除，影響到水族箱的生態系統平衡，可是沒想到，清洗魚缸後反而造成魚兒暴斃；第二是因為溫度調節器失調，水溫突然增高，導致魚兒們活活被熱死；最後一個原因當然是因為食物斷絕，例如有些較瘦小的魚兒，會受到大魚搶奪食物，結果餓死或是因為食物不足，長期營養不良，最後病死。可是如果想想我們人類，不也是處在一個相同的狀況之下嗎？

　　現今的地球，不就是大家所賴以為生的一個「大魚缸」嗎？我們今天恣意地污染我們的河川、海洋，大量的墾伐森林，而這樣不就等於我們在破壞魚缸中的生化細菌嗎？我們的汽車、工廠所造成的廢氣污染，破壞了臭氧層，造成溫室效應，不就等於在破壞魚缸中的溫度調節器嗎？最後一旦我們將地球上的浮游生物，綠色植物給消滅了！我們不就等於斷絕了魚缸中的食物，自取滅亡嗎？

　　因此人類進入了二十一世紀，應該要有更多的覺醒。我們在追求科技文明

的同時，也千萬別忘了自然生態環境的重要性。畢竟一個魚缸，不管再怎麼美麗，魚兒要能自由自在的存活，最重要的是生態系統一定要維持好，否則人類過度開發有限的天然資源與破壞大自然的平衡系統，到時候科技不僅不能造福人群，反而是人類滅絕的罪魁禍首。

　　從歷史的觀點來看，我們可以明顯地知道，科技發展的最大問題，便是帶來毀滅性的武器。從早期的槍砲，到後來的飛彈與核子武器，我們都知道，人類若是對核子武器運用不當，很有可能會毀了整個地球。中國人有一句話叫做「自取滅亡」，然而人類科技毫無限制的發展下去，是否是人類「自取滅亡」的癥兆呢？

　　我們反過來看看現今社會，科技帶來了人類文明與進步，可是科技是否真的解決了人的問題，還是製造了更多的問題？我們常常會看到很多人受不了工作的壓力，人際關係或感情的壓力，經濟上的壓力等等，於是有人居然願意放棄自己保貴的生命，來解除壓力。也有很多無辜的老人，或幼童流浪街頭，連三餐都不飽。這些現象，都是在科技文明的時代才有的！遠古的農業時代，人類可以自給自足，或是隱居山林，至少人們可以活得很自在，可是人類一出現所謂的文明之後，自私自利的天性便出現了！以毀滅別人，來增長自己的生存空間與資源，一直到現在二十一世紀，人類的這種劣根性都未曾改變。

　　記得有一個寓言故事說，有一隻狐狸被獵人關在一個大籠子裡，然而這個籠子裡只有一對會生小雞的公雞和母雞，狐狸常常餓得想把公雞或母雞一口給吃了！可是聰明的狐狸知道，一旦把唯一會生小雞的公雞或母雞吃了！牠可能將來也要餓死，於是只好留下牠們，然後每天靠著公雞與母雞所生的小雞過日

子。其實今天人類，也面臨相同的問題，人類科技的發展雖然本意是希望能夠改善人類生活，可是人類也要運用智慧，好好思考科技的運用與發展，否則人類把唯一賴以為生的公雞和母雞給殺了！人類不就得走上自取滅亡的道路嗎？

　　其實科技本身無罪，只是科技的運用，需要很大的智慧，我們試看這二十世紀以來人類的歷史，我們可以發現，西方過於強調功利的資本主義，是會為人類帶來很多災難的，而科技所帶來的戰爭與環境破壞更是人類自取滅亡的開始。只有回歸到中國人所強調的以「人」為本的王道文化精神為訴求，尊重各種生物間平等的生存權利，以大自然的準則為依歸，科技的發展才有真正的意義，而人類也才能有長遠的和平與真正的幸福。

當現代人走在綠島上

—— 科技只是個探照燈，而不是人生的燈塔

　　前一陣子看到一個電視節目介紹蘭嶼原住民的一些生活狀況，節目中提到很多都市人來到蘭嶼，總是以鄙視的眼光來看蘭嶼的居民，認為他們是現代社會上的原始人，仍然過著古老的漁牧與農業生活。相反的蘭嶼人民對於來訪的遊客也相當討厭，認為這些觀光客干擾他們與世無爭的生活，破壞了他們大自然原始樸實的美麗，更製造了許多紛擾與髒亂。科技與人生，就好像都市人與蘭嶼人一樣，有很多時候是格格不入的。我們今天看到很多人，享受的是科技生活，可是卻有著如原始人一般的粗暴行為，連最基本的生命都不懂得尊重。

　　有位很有名的未來學學者 Toffler，在他的《第三波》一書中講到，人類文明的發展到二十世紀，已完全走入科技的時代，為人類帶來了前所未有繁盛的物質文明，但這種物質上的改善卻也讓人類付出很多慘痛的代價。社會變得更動盪不安、人與人之間越來越疏離，不敢信任，生命安全受到很大的威脅。晚上走在街頭，從旁呼嘯而過的摩托車，往往令人擔心不曉得又有什麼災難會降臨到我們身上；人與人之間共同的信仰、價值及理想也越來越薄弱，「只要我喜歡，有什麼不可以」、「愛拼才會贏」成為人人掛在嘴邊的口號，每個人都認為只要達到自己的目標就可以為所欲為，因此很少有人會考慮別人的立場，尊重別人的想法。

　　因此，科技為人類創造了空前未有的進步，但相反的也讓我們付出了很多

慘痛的代價，人類不當與過分的濫用科技，往往更為自己帶來了許多的憂慮與後患。我們在了解科學，或是享受科技文明的同時，千萬不要忘了，人類幾千年來的進步與成就，都仰賴過去歷史，文化各方面的資產，透過哲學家們的思考與批判，進而產生正確的科學研究方法，了解科學求真的運用方向，而這一方法與方向才是人類進步真正的動力。

如果人類光有科技而沒有智慧的思想，沒有高尚的道德文化，不懂宗教強調尊重生命的意義，那麼科學所衍生出來的科技產物，最後就會像一個沒有生命的機器人一樣，沒有靈魂，完全在指令與程式的控制下，無法自主與獨立，然而現今的科技社會與生活，往往造就了許多活生生的現代機器人，這是非常可悲的。

科技與人生，在現今科技發達的時代，我想任何人都不會忽略它的重要性以及對生活的影響，然而不管我們輕鬆地走在路上，或是無聊地躺在家中的床上，我們都應該想一想，科技可能對人生造成的影響。畢竟，科技可能會改變人生，帶來生活改善，讓我們免於大自然的威脅，但相反地，科技也往往帶來許多人為的災難，我們今天每天打開電視，您就會看到多少無辜的生命葬送在無情的科技發展之下，使死亡車禍、大樓火災、工廠爆炸，污染中毒等等事件層出不窮。

其實科技對人生來說，就好像是夜車的照明燈一樣，它可以給我們帶來光亮，使我們對於茫茫前途看得更清楚更有信心，但是科技畢竟不能當作人生的燈塔，它也絕不是人生的最終目標。

白彌猴

—— 毀滅其他物種的生命，就等於毀滅人類自己

　　有一個新聞報導說，有個有錢人養了一隻白色的台灣公彌猴，因為正值發情求偶的時期，所以情緒顯得比較暴燥，飼養的主人願意出一百萬的聘禮，來替這隻公彌猴尋找一隻同樣為白色的母彌猴。雖然我不知道最後這隻白彌猴是否真的找到伴侶，但是我想這隻白彌猴能受到這樣的禮遇，也是世間少有的了！甚至現在很多年輕人結婚，能有個三、五十萬元的現金，就算很幸運了！

　　其實這則新聞，只是印證了人們價值觀裡「物以稀為貴」的這句話，稀有的白色彌猴，只因為它的顏色與眾不同，讓牠有了不同的命運，能夠過養尊處優的生活。然而從另一個角度來看，對這隻白彌猴來說，或許這反而是不幸的，雖然不愁吃喝，然而牠卻被主人飼養著，脫離了牠原本在大自然自由自在的生活，現在到了求偶時期，不能正常找到伴侶，我想牠表現出暴燥不安的性情，也是必然的。然而這位飼養的主人卻開出價碼，硬是規定要找一隻母白猴來配對，我想將來要是沒找到白母猴，可能這隻公猴就會鬱鬱寡歡一輩子了！

　　而人類這種以自我中心為主，僅以自己眼前利益為考量的價值判斷標準，不知使多少無辜生物受到迫害。根據世界保育聯盟研究報告指出，地球目前有將近數萬種以上的動植物皆瀕臨絕種的命運，例如我們視為國寶的魚族－－櫻花鉤吻鮭，就是其中一例。在四、五十年前台灣的大甲溪流域到處都可見到，可是今天的大甲溪因為建築攔沙壩，河岸森林被砍伐，多處天然景觀遭到破

壞，此外全球溫室效應也導致河水溫度不斷升高，使得只能在攝氏十五度生活的櫻花鉤吻鮭難以適應；加上溪流附近種植高山蔬菜，農藥、肥料流入溪中，更嚴重地污染了溪水，現在只有在大甲溪上游的七家灣溪才可看到少數櫻花鉤吻鮭的蹤影，如果我們再不思考如何改善現況，櫻花鉤吻鮭遲早會受到絕種的命運。

或許很多人對地球上快速消失的生物，並不了解它們的重要性，以及對我們人類自身生態環境的影響，所以也就不太在乎。然而我常在想，消失的生物，撇開對生態環境的破壞因素，我想對自己年僅兩歲的兒子也是很大的遺憾，將來可能要帶他去小溪裡抓抓青蛙，看看小魚兒，似乎是不太可能的事了！現在如果您有空走在鄉村的田邊，灌溉用的河渠、小水溝，您除了看到一堆福壽螺之外，大概就再也看不到什麼活生生的生物了！然而在我童年的回憶中，總記得以前小時候到了夏天，後院的草叢中，可以看到許多螢光蟲，後院的水溝裡總是可以抓到許多蝌蚪和青蛙。可是現在到了夏天要看螢火蟲，還得開上好幾小時的車，跑到深山裡才看得到。

根據生態科學家的研究，地球上物種的消失，影響最大的是我們人類自己。因為人類是食物鍊的最上層，如果各種生物減少了，不僅會嚴重影響到食物的來源，對整個食物鏈的平

衡與循環，也會造成嚴重的損害。例如在海洋中因為氣
候環境的改變，溫度升高，導致海水溫度上升，而造
成大量的綠藻與浮游生物消失，而仰賴這些藻類與浮
游生物的魚蝦，也會因為食物不足，而數量不斷減
少，當然最後對人類的魚獲量，也會減少。根據世界
各國農業局的魚獲統計，在過去幾年來，各地區的深
海以及遠洋的魚獲量，逐年不斷下降，即使現在運用了
高科技的魚群探勘設備，有時也無法明顯地增加魚獲量，
所以讓許多出海捕魚為生的人，都感覺討海的生活越來越
不易。

　　然而這也只是生態破壞後的冰山一角，仍有許多大自
然的變化，是我們並未察覺出的。從九二一大地震，納莉
颱風的大水災、土石流、登革熱、SARS，到現在人人談「禽」色變的禽流感病
毒，每一項其實不都是大自然與生物對我們人類恣意妄為的反撲與警告！而且
一次比一次影響範圍更廣泛、更為嚴重。如果這樣還不能喚醒我們對生態環境
的重視，對自然界各種生物生命的尊重，那麼有一天人類絕對會遭到萬劫不復
的災難。

　　其實自然界裡的各種生物，都是我們人類最保貴的無價資產，聖經上就
說：「動物是創造來陪伴人類的。」大自然也有因為了這些動物的點綴，才因
而變得更生動與美麗，多彩多姿。可是如果有一天我們走在蒙古草原上，看不

到美麗的綿羊，沒有沙丘上懶洋洋的駱駝，沒有馳騁草原上的野馬，沒有其他許許多多的動物陪伴，那麼我們人類在地球上將會感到多麼地孤寂與單調啊？若是有一天台灣的彌猴，也因為我們人類自私的補殺或人為飼養而減少滅絕，我們恐怕就再也無法體會，李白那種「兩岸猿聲啼不住，輕舟已過萬重山」的樂趣了！

　　科技雖然改善了人們的生活，可是卻也造成了無數生物的迫害與滅絕，然而仍有許多人執迷不悟，仍試圖以科技的方法來解決問題，企圖利用生物複製、基因改造，來彌補人類過去所犯下的種種過失，可是弄到最後往往反而衍生出更多的問題。其實老子的《道德經》就明白指出：「人法地，地法天，天法道，道法自然。」只有「自然」才是我們依循的準則，環境生態的問題，科技雖是劊子手，然而我們人類自私以及不尊重生命平等與權利，不懂得敬畏大自然的思想毒瘤，恐怕才是始作俑者。花一百萬元為台灣白彌猴討位新娘，本意雖是好的，可是透過我們人為的價值判斷，脫離了自然的軌跡，恐怕才是最大的問題吧！

科學與真理的距離

—— 科學不能代表真理，甚至與真理有很大距離

「科學」（Science）的英文是從拉丁文的「Scio」而來，原意是「I know」，也就是「知識」的基本意思。所以「科學」是對自然界的一種認知，科學家觀察自然界是想瞭解大自然的現象，他們對於理論，可能塑成不同的雛型，這些雛型就是假說（Hypothesis）；假說經過實驗證實，與已知事實相符，才可被視為理論（Theory）；理論經過時間的考驗，與所發現的事實不相衝突，便可視為定律（Law）；廣泛可應用的定律，便可視為原則（Principle）。所以，科學最終的理想，是要找出一個最基本的原則，然後利用這個原則，將繁雜的事物給簡化，而簡化的事物就能夠運用，創造新的機會，突破大自然的限制。二十世紀最偉大的科學家愛因斯坦，他一生都一直在思考一個問題：「到底什麼東西才是宇宙最基本的物質？」雖然他終其一生，都未能找出一個明確的答案，然而愛因斯坦偉大之處，就在於他將牛頓的力學原理加以修正，發表了廣義的相對論，推導出知名的質能互換定律（$E=mc^2$），更為人類開啟了原子能源的時代，他所發現的許多光電原理，也引導出後來一種重要的物理學——量子力學，我們現在享受的各種光電能源與科技產品，也幾乎是源自於此。

因此，科學家最重要的工作是「觀察」和「解釋」，解釋就是將觀察所得的意義描述出來。所以科學的研究，基本上是在解釋各種自然現象，可是在很多時候，科學所解釋的現象，可能和真理有一些差距。但不論那一種科學的假

說或理論，如果無法證實的理論，就不能稱之為真理，充其量也只能說，可能與真理很接近，但也有可能相差很遠，可是如果我們沒有去做科學實驗，沒有獲得清楚的證據，我們永遠也不會知道，什麼是真理。

艾丁頓（Eddington）曾說過：「近代科學好比一個漁夫在河中捕魚，漁夫就是科學家，魚網是科學方法，河是實際的世界，魚網有兩吋大，撈上來的魚可以歸納，也可以推演，但不能說河裡沒有小於兩吋的魚。科學不能在科學方法探究不著之處，謂其不存在。」因此，科學家對於自然現象，例如電能、磁力、動能、超導體等等，能用數學方式精確地描述與計算，但往往有很多時候，卻不能解釋這些現象存在的原因，比如說牛頓發現了萬有引力定律，可是牛頓並未解釋為什麼萬有引力會存在？然而宇宙中真的所有的星球之間，都有萬有引力存在嗎？所有的星球之間，萬有引力都有一致性嗎？我想宇宙太空中，仍有許多現象仍是目前人類科學無法解釋與實驗證明的。例如，大家常聽到的名詞－－黑洞，就是一個太空中，重力場超強的地方，連光線都無法跑出來，可是科學家對黑洞到底是如何形成的？仍然有許多謎團等待解釋，我們現在所了解的黑洞結構與原理，很有可能是完全錯誤的，將來，任何科學家的新發現與研究，都有可能讓現在我們所堅信不疑的理論重新被推翻。

所以，科學所發展出來的理論，雖然可以解釋許多大自然的現象與奧秘，但歷經時代的演變也會有所改變，就像人類對地球、月亮、太陽的各種認知，在不同的時代，總有不同的想法與理論，但即使到了現在二十一世紀，我們對太空宇宙的了解，也並不能說都是完全正確的！甚至自大地說，發現了真理，或許，我們也只能說，是接近真理，但往往與真理還是有一段距離吧！

超光速

―― 人生唯有思想不受限制，才能超越有限的距離

　　對愛因斯坦相對論有一點概念的人，應該都知道，速度是相對的，而不是絕對的。舉例來說，坐在火車上的兩個人，彼此之間的感覺是靜止的，可是在火車外的人來看，坐在火車上的人，可能正以時速九十公里的速度遠離。

　　愛因斯坦最驚人的理論，是認為物體的質量、長度、時間的測量完全取決於測量儀器與被測物體間的相對運動而定，當物體對觀察者產生相對運動時，它的質量、長度、和時間值都會改變，不過這種效應只有在觀察者的速率接近光速時，才會明顯，可是在一般日常生活中我們是測量不出來的。

　　可是愛因斯坦的相對論，至今仍無法完全用物理實驗證實，畢竟，以現代人的科技，要產生光速飛行器，根本是不可能的！光的速度為每秒 299,792,458 公尺，相當於音速（每秒338公尺）的八十八萬倍，人類目前所能產生最快的飛行器為太空梭，太空梭由二十八萬公里外的地球軌道往地面飛行時，最快的速度也只不過是22.51馬赫（音速的22.51倍），所以光速對人類而言，可是超乎想像與能力範圍了！不過宇宙之大，若用光的速度去行走，目前最遠人類所能探測到的地方約為十二兆光年之外的地方，換句話說，用光的速度要走十二兆年，才能到達，我想人類所在的地球世界，真的是何其渺小了！

　　每次想到速度的問題，我都會想到「速度」除了用來衡量距離之外，與我們生活也脫離不了關係，我們也常會聽到，速度用來形容一個人做事的快慢；

講話的速度、吃飯的速度、花錢的速度、談戀愛的速度等等。對現代人來說，速度似乎也是衡量一個人考試、升學、就業、加薪的必要條件；打字的速度、心算解題的速度、訂單成交的速度、產品生產和銷售的速度等等，越快的越好，分數越高越好。然而現代人快速的生活步調，卻與滯礙難行的守舊思想，形成了強烈對比，有多少人數十年如一日，思想從未進步，觀念從未改變！

不過速度也可以是很抽象的東西，比如說時間的速度：在台北、東京、紐約或是上海，您就會明顯感覺一分一秒的不同；可是如果有機會到蒙古草原去生活，您就只會感覺出春夏與秋冬一季的差別；等待久未相逢的情人，或許短短幾天，卻感覺度日如年；回想童年的歡笑，成長過程的心酸與掙扎、矛盾與徬徨，速度往往又是忽快忽慢地，讓人捉摸不定！

其實思想，是可以超越光速的，只要我們願意動動腦、願意做做凡人的白日夢，任何有思想的人，都可以天南地北、上下古今、過去未來，任意邀遊。人生的思想絕對是超越光速的，然而它卻需要有個夢想加速器，有顆熱愛生命的感情引擎，否則多數的人，思想總是殘障的，就像那廢棄的舊摩托車，發也發不動，無法開闊與豁達，總是被囚禁在現實與生活的枷鎖中。

科技再怎麼發達，或許可以搭上太空梭來趟驚奇的太空之旅，可是有時人生仍是有限的！有限的人生，只有讓我們的思想加速，讓我們的情感沸騰，那麼人生才可以展翅高飛、海闊天空、恣意翱翔，那麼生活中的困難與挑戰，就只會成為一種增加人生色彩的小小點綴吧！

Part❺〔藝術篇〕

接觸藝術，人生將更豐富

藝術是人的天性，但也是一種潛能，

它需要一個導師，

而這個導師就是藝術本身。

歐洲之旅

—— 要有人文素養，先懂科學

　　去年因為工作的關係，去了一趟歐洲，讓我對歐洲的文化與藝術有了更深一層的體認。歐洲人文薈萃，可以說是西方自文藝復興以來五百年人類歷史的焦點，本世紀兩次世界大戰雖然不幸使歐洲文明受到毀損，但是其日積月累的智慧光芒依然是燦爛奪目的。有時候走在馬路上，您會發現就連公共場所的清潔工，都有著相當水準的人文素養，也因此在歐洲，政府提倡文藝活動，強調人文教育與精神才有比較積極的意義。對歐洲人來說，去參觀藝術展覽，是一種輕鬆平常的休閒活動，是一種精神層次的提升，反觀台灣，一般的文化藝術活動或是學校的人文教育，往往就顯得虛而不實，有著許多斷層。

　　之所以會有這樣的感覺，實在是因為台灣自從光復以後，幾十年的時間內，經濟快速地成長。可是社會富裕之後，反而更顯得人文素養的參差不齊與低落。試想一位開著豪華賓士驕車的人，忽然穿著短褲拖鞋，嚼著檳榔走下車來；或是身著一件低胸露背的T恤與短褲，穿著拖鞋，走在台北高級的東區百貨商圈內，那種不搭調與不協調的感覺，必定是令人刺眼與奇怪的。然而台灣的人文教育，往往就有這種類似的感覺，過分地追求西方科技與文化，可是骨子裡卻仍是一套守舊、粗俗與落後的傳統思想，一方面又強調國際化，可是主政的官員，往往連一句基本的英文都講不標準。其實，台灣人有時候對於文化藝術的東西，往往就像穿著西裝的小孩，到朋友家做客，看起來是人模人樣

的，可是一旦主人端出一盤甜點來，那種貪嘴好吃的本性，完全表露無疑了。

　　人文教育，是屬於教育的一環，應該以科學教育為基礎，如果科學教育的基礎不夠，那麼很多東西都是空談的。試想，一個整天求神問卜的人，您又要如何教導他更深一層的人文素養呢？這就好像不懂初級代數的人，您又如何去教他微積分和函數呢？因此，台灣的人文教育要能真正提升，應該要先從基礎的科學教育做起，破除過分的迷信與神鬼文化，重視邏輯與推理能力的培養，懂得謙卑與尊重別人權利的想法，如此，再去談民主，講自由，追求更高層次的文化藝術活動，才會有意義！否則，您就會發現，有人花了上百萬元，在車子裡裝上高級音響與喇叭，可是往往您也會發現，這種人，總是大刺刺地開著車，囂張地在大馬路上橫衝直撞，完全不會去注意別人的感受與想法，對這一類的人來說，文化藝術的東西，往往就像拿著高級絲巾來擤鼻涕一樣，只是一種浪費罷了！

　　科學教育其實應該從小做起，從日常生活中培養，摒除一些中國老舊與傳統的神鬼文化、迷信，當然在多元開放的時代，適度地接觸西方優秀的科技文化，重視實驗與科學研究的方法，如此，才能注重思考與推理，懂得創新與改造，培養出科學的精神。科學不必然導致人文素養的提升，然而不懂科學要有人文素養，那也是很難的。

愛因斯坦與貝多芬

—— 科學讓人理性，藝術讓人生更豐富

　　愛因斯坦曾表示：「要不是全神貫注於在藝術和科學研究的領域永遠也達不到的對象，那麼人生在我看來就是空虛的。」科學與藝術，不知道您有沒有看出它們之間有什麼關係呢？我們從某一個角度來看，科學與藝術不都是由人為想像所創造出來的世界嗎？走在森林或是海邊，我們可以聽到的聲音是極單純而固定的，除了沙沙嘶嘶的響聲之外，恐怕連一首歌也稱不上。看那洶湧波濤的海浪，潮來潮去，人們又怎知道這是地球與月球之間萬有引力的作用呢。科學與藝術是兩個全然不同的世界，而這兩個世界都具有無窮的宇宙，讓人類可以窮畢生之心力，以求精神之恆久。

　　科學是人類用簡單的幾個數字或是符號所描繪出來的一個定律或是一個現象。例如牛頓力學第一定律，用 F=ma公式，說明了「物體受外力的作用，物體就在力的方向獲得加速度。」愛因斯坦的質能互換定律，利用簡單的 $E=mc^2$公式，說明了「質量與能量是可以轉換的。」而科學對人類的貢獻更是舉世皆知的，試想要是沒有偉大的科學家，運用各種科學原理，發明與創造，解釋各種自然界的現象與狀況，可能我們人類到現在都還要露宿街頭，過著野蠻人的生活，或是驚恐著風雨交加的夜晚，以為天神又再發怒了！

　　藝術也是人類偉大的創作，樂聖貝多芬運用五條線和幾個音樂符號，譜出了無數動人的樂章；詩人李白用簡單的幾個字，道出異鄉人的思鄉之情，「床前明月光，疑似地上霜，舉頭望明月，低頭思故鄉。」是多麼的感人卻又平易近人，為世人所吟誦讚賞，成為千古絕唱；畢卡索，用一支畫筆，幾種顏料，創造出新古典主義，超現實主義派畫家的世界，讓我們的目光充滿想像力，不再局限於眼前的世界。

　　科學與藝術，是兩個不同的人造宇宙，一個公式、一首詩、一段樂曲、一幅自我的畫像，沒有一樣不需要嘔心瀝血，嘗盡人生百苦，才激發出一絲靈感，在不斷的想像當中，找到一絲一毫證據，留下一點一滴的足跡，然而這也就是人類最真誠與追求永恆精神的可貴。

　　今天我們之所以不會在夜深人靜的夜晚，感到凄涼與孤單，貝多芬的音樂、李白的詩、畢卡索的畫，絕對有其正面的意義，雖然藝術的東西，不能當麵包填飽肚子，然而卻總會讓我們內心充滿了溫暖，即使在寒冷的冬夜，我們都會感受到一種源源不絕的熱量，光照著我們。同樣地，阿基米德的力學原理，笛卡兒的解析幾何，牛頓的運動定律，愛因斯坦的相對論，沒有這些偉大之科學家，窮畢生之精力，孜孜不息的研究發明，相信我們人生或許會很有限。科學讓人生更理性，也更開闊，二十一世紀，環遊世界，飛入太空，都不是難事，雖然人生仍有其生命的終點與個人力量的有限性，然而藝術與科學的發展，開創了人生的無限性，增加了人生更豐富的內在情感與生命意義，人生如果少了藝術與科學，人生就再悲慘不過了！

人生是一部交響曲

―― 生活是一種藝術，然而藝術卻要從生活中去創造

　　法國詩人羅曼・羅蘭曾說過：「生活是一部交響樂，生活的每一時刻，都是幾重唱的結合。」我覺得他的詮釋頗富哲理，想想看，在您的生活中是否總是重疊著許許多多令人煩心的事？有時為了工作、有時為了家庭、有時為了理想、甚至有時也可能只是為了爭一個小小的停車位，讓我們整個生活都變得亂糟糟地，毫無頭緒！可是每當夜深人靜，我們驀然回首，也許會驚奇地發現我們走過了那麼多崎嶇與坎坷的路，完成了許許多多令人嘖嘖稱奇的事蹟，連自己都不敢相信！就像聆聽一部交響曲，時而壯闊、時而憂傷，若不聽到曲終，永遠也不會了解整部交響曲的全貌；在生活中也只有靜靜地聆聽，靜靜地欣賞，我們才能細細地去品味交響樂的美。

　　如果交響樂是一部偉大的藝術，那麼我們就是那個創作的藝術家，因為生活其實不就是一種藝術嗎？如果我們沒有一顆求真、求善、求美的心，那麼就很難創作出一部曠世鉅作；如果我們不懂得生活，那麼這部交響曲可能會是一部平淡無奇的作品，不要說如何吸引聽眾吧，恐怕連自己都會覺得厭惡。

　　藝術與生活它是相關連的，懂藝術的人雖然不一定很懂得生活，而且許多藝術家往往是根本不懂得生活的人；但懂得生活的人一定得是一位懂藝術的生活家。畢竟生活是需要我們去創造的，要有一種熱烈的創造力，時時奮鬥、努力不懈，才能創造出生命中的燦爛與光芒。如果我們不能創新我們的想法，不

能發揮對生命的熱情，那麼我們往往會被生活瑣事裡的驚濤駭浪，吞噬與淹沒，那麼生活就只是一個例行公事罷了！這是多麼可惜啊！所以詩人羅曼‧羅蘭說：「生活就是一場戰爭，一切權利都屬於勝利者。」雖然生活畢竟也有現實的一面，有時就像戰爭般的殘酷，可是，我寧願做個生活的藝術家，至少，能在有限的生命中，為自己留下一點足跡，或許有一天，回頭一看，我才會露出嘴角的微笑，因為，這才是生命中最可貴的珍寶，沒有人能奪得走，卻隨時可以從內心深處喚起美麗的回憶！

　　人生只有一次，不僅短暫而且充滿了各種驚險與危機，如果我們不能邁步向前，不能發揮藝術家的精神，那麼我們的生活，很容易就會身陷泥沼，無法自拔，那麼人生也是白白走那麼一遭，不留任何痕跡。

　　藝術之所以偉大，是因為它可以橫跨時空，縱貫古今；它也可以開創人類的視野，發揮想像的空間，讓這世界因為人為的創造而更美好、更豐富。所以俄國大文豪托爾斯泰說：「藝術是生活的點綴，是引向生命的一種誘惑。」如果您想追求一個美好的生活，那麼您一定要做一位懂藝術的生活家，這樣才能追求一個自我發揮與創造的人生，而您的生命必將因為您的執著與努力而璀璨輝煌！

超車理論

—— 世界上唯一不變的定律，就是任何事情都會改變

　　朋友告我他開車避免打瞌睡的方式，就是超車：藉由變換車道，以及加速的感覺，讓自己頭腦保持清醒，避免打瞌睡。我對朋友說，在高速公路上超車，不是很危險嗎？朋友解釋，他並不是瘋狂的胡亂超車，只是當有睡意的時候，會藉由適當地改變車道，讓自己的注意力變化，讓逐漸鬆弛的神經，接受一點新的刺激。因為超車與變換車道，需要目測距離，估計速度與時間，而每次超車，因為狀況都不太一樣，所以必須手腦並用，因而不會一直盯著前方的車子，精神就比較不容易疲倦，如此自然比較不會打瞌睡。經朋友這樣解釋，我覺得也不無道理，我想開車打瞌睡的其中一個原因，是因為單調的路況，加上精神不佳，就好像看著無聊的電視劇，總讓人昏昏欲睡。

　　朋友這個超車理論，讓我想到在人生的過程中，也有許多類似的情況吧！例如結婚久了的夫婦，如果彼此不懂得變化生活，製造一點生活上的情趣，那麼夫妻雙方，就容易漸行漸遠，再不然就是彼此湊合著，可是卻又對婚姻生活感到無奈與單調。

　　學生與老師也有相同的情況，如果老師上課，總是照本宣科，不會針對教材適當地配合時事新聞或導入有趣的名人逸事，那麼要讓學生上課不打瞌睡，也是很難的。一個企業，如果不能讓自己的產品與服務，迎合時代的變化，做適當的調整，那麼這個企業就不容易永續經營。一個人做學問，如果不能思

考，求變求通，那麼往往容易鑽入死胡同，不求甚解，那麼所求得的學問，就無法融會貫通，活學活用。

　　人生旅途漫長，如果我們不能順應時代，適時地改變自己的觀念與想法，老是固執自己的理念，或是保守地躲在自己的象牙塔裡，那麼人生就很難開創出新的格局，老是受限於命運的掌控。所以有人說：「這個世界上唯一不變的定律，就是任何事情都會改變！」

　　不過改變有時候也要變得有理，變得有依據，才不會漫無目的，毫無章法。否則亂變一通，那麼反而會弄巧成拙！就像開車變換車道，總得讓直行車先行，打上方向燈，否則隨性地亂變車道，蛇行疾駛，恐怕最後反而會釀

成重大車禍。所以改變是一種「同中求變」的哲學，在既有的軌跡中，運用想像、不斷創新，找尋任何變化的可能。就像我們可以看見莫札特的音樂作品中，共同有著一種熱情洋溢、熱愛生命的精神，對於人生的悲苦，我們很少在他的音樂中看見，即使有，也是一種小小的裝飾與點綴罷了！然而在莫札特為數眾多的音樂作品中，您卻又會發現，每一個作品，都是不同的變化，不同的情感，訴說著不同的心情與故事。

　　這麼多年來，我一直很喜歡彈莫札特的奏鳴曲，然而即使是同一首曲子，可是每次彈過之後，卻往往激發我對不同音樂的感覺與對生活的一種活力，莫札特的音樂對我而言，就像浩瀚的天際一樣，讓人永遠有數不完的星星，這是相當神奇與偉大的！可是看看家中那些流行雜誌，您除了會撕下來當包裝紙、

墊墊熱茶壺，我們再也不會有想翻翻看的衝動。原因很簡單，環境時空，隨時在變，所以我們的心也往往飄浮不定，感覺人生若夢、世事無常！所以我們的內心深處對那世間永恆與不變的事物，總是充滿了無限的期望與想像。然而只有偉大的藝術，能有這種魔力，可以在變與不變之間，找到一種平衡，追求一種和諧之美，所以才能擄獲世人浮動善變的心，走向一種祥和與寧靜，可是在這之間，我們卻仍然可以體會出無窮無盡的變化，永遠不會覺得單調與無聊。

　　朋友，請您想想，我們是否因為繁忙，因為生活的壓力，我們的心都變得冷淡了！對生活都失去了夢想與熱情，如果人生想改變，請您一定要從「心」開始，然而心想改變，我覺得應該從「藝術」開始，我喜歡聽莫札特、蕭邦、貝多芬、帕格尼尼的音樂，把梵谷、畢卡索的油畫貼在電腦螢幕上，把李白寫的詩，當作書籤，把朱光潛、林語堂寫的小書放在皮包裡，因為生活中有了他們的陪伴，每天都可以有一個不一樣的心情，面對不一樣的生活挑戰，就像吃了一頓活力餐，總是讓我精神充沛！

多瑙河是藍色的嗎？

—— 人類追求藝術的偉大精神，往往源自於自然

　　前一陣子因為工作的關係，去了奧地利一趟，也在聞名的旅遊景點薩爾斯堡停留了一個下午，深深地被奧地利明媚秀麗的風景所吸引，心想將來如果退休，要是能夠在那裡住個一、兩年，我想人生就真的是太完美了！不過去了奧地利之後，讓我了解，為什麼奧地利能產生這麼多的藝術家，絕對不是沒有原因的。

　　奧地利位於中歐南部，與德國、瑞士、義大利、斯維尼亞、匈牙利、斯洛伐克和捷克等國接壤。著名的藝術之都維也納，就在這裡，許多世界聞名的偉大音樂家，莫札特、海頓、舒伯特、史特勞斯都出生於奧地利，其他像貝多芬、布拉姆斯也都在此住過很長的時間。

　　奧地利的西部有著名的阿爾卑斯山脈，山峰高達四千公尺，山谷村落海拔也將近兩千公尺左右，在北部有聞名全球的多瑙河貫穿其間，形成多瑙河谷平原、丘陸地帶、湖沼以及茂密叢林。不過親自到了奧地利，走在多瑙河的河畔上，我才驚覺多瑙河並沒有我想像中的那麼漂亮，而河水更不是藍色的，其實是有點暗灰帶綠的顏色，或許就像許多真正的藝術作品一樣，藍色的多瑙河也僅存在於藝術家假想中的美麗世界吧！把一個平淡灰綠、近於混濁、毫無生氣，更無浪漫色彩的河水，經過偉大音樂天才史特勞斯豐富的想像與創造，將它搖身一變，成了充滿青春活力、令人神往的〈藍色多瑙河〉。

　　雖然這首〈藍色多瑙河〉，在小時候學鋼琴時就聽過它的旋律，當時也覺得奇怪，怎麼會有藍色的河水呢？心想一定是一條美麗清澈的大河，在陽光的照映之下，所以透出湛藍的光芒。在童年的幻想中，每次聽到這首音樂，都讓我對這條多瑙河產生許多夢想，希望有一天也能親自走在美麗的多瑙河畔，搭著小船，遊憩一番。雖然這次親臨多瑙河畔，眼中所見不免與原先心中的想像有很大的落差，但是也讓我更體會出，藝術家精神的偉大，就在於他們能在平淡無奇的生活事物中，創造出生活的趣味與美感。

　　在氣候上，奧地利的天氣受大西洋的影響，冬夏溫差和晝夜溫差非常大，而且多雨。所以生活在奧地利的人，可以明顯感覺出一年四季的變化，尤其對住在阿爾卑斯山村落的人來說，那種體會應該是更深刻的。有時雖日正當中，可是遠眺山頂上白皚皚的積雪，一種清涼的寒意便湧上心頭，這或許是自然界的神奇，即使在五月的天氣，但是在阿爾卑斯山上仍有積雪，一個是季節的力量，一個是壯闊山河的力量，兩種力量綜合在一起，交織成一種深沉而有變化的個性。春天的山一片欣欣向榮，夏天的山青綠蒼翠，秋天的山落葉飄零，冬天的山冰雪蒼白；這種四季的變化就如同人生一樣，有濃有淡、有動有靜、有榮有枯，讓人對大自然的力量，不由得產生起幾分敬意，於是激起藝術家潛藏內心的感動，啟發了許多的創作靈感。

其實藝術精神的偉大，往往源自於大自然那種莊嚴肅穆的力量以及奉行不移的四季節奏，讓藝術家們受到大自然的洗禮，生生不息的生命力所感動，自然能夠體會出自我的渺小與生命的短暫，對阿爾卑斯山來說，莫札特、舒伯特、海頓，他們所看到的不也都是同一座山？一直屹立不搖地躺在那裡，幾百年來也未曾有過改變，然而人生即使再長壽，也不過百年光景，要能超越出生命的極限，唯有創造出至真、至善、至美的藝術作品，才能與大自然一樣永垂不朽！

藝術與自然是分不開的，偉大的藝術創作，絕對是發自藝術家們內心一種潛藏的聲音，或許是一段纏綿悱惻的愛情，或許是一種悲天憫人的憂慮，也或許是在阿爾卑斯山下所感受到的四季變化。然而這種豐富的情感絕對必須是發自藝術家深藏內心最自然的情感，而不是「為賦新詞，強說愁」的矯柔做作。或許奧地利沒有了阿爾卑斯山，沒有多瑙河，沒有四季分明的氣候，那麼我們在人世間，絕對會少了許多偉大的藝術作品吧！

阿里巴巴的寶庫

—— 文學與藝術，都是人生之寶

　　文學的種類可以說相當廣泛，舉凡詩詞、小說、散文等等，借由文字與文章透過作者的表達，傳遞一種思想、意念、內心的情感、歷史文化的情懷等等，讓讀者閱讀之後產生共鳴，並且在心靈上得到安慰，在思想上得到啟發。當然這種定義與藝術還是有點距離的，藝術在多數的時候，其實是沒有一個固定的型式的，可是它卻有一種精神存在的，這種精神，卻是人類一種追求永恆，追求美感，講求創意與想像下的偉大精神表現。而文學作品，由於思想與文化的差異，它的想像空間就比較小，要達到一般藝術作品如此平易近人的地步，就不是那麼容易了。

　　古今中外，多少騷人墨客，寫下了文學鉅著，然而能夠經得起時代的考驗的並不多，例如中國最偉大的易經能夠在歷經幾千年文化歷史的變遷之後，而其中的學理仍然為世人所專研與應用，孔子的《論語》，老子的《道德經》，李白、杜甫的唐詩與蘇東坡、辛棄疾的宋詞，在二十一世紀科技昌明的現代，更透過網路，各種媒體的翻譯傳播到各個國家，成為全世界的人們所最尊崇的道德典範、智慧與文學作品，然而除此之外，由於文化語言的差異與隔閡，很多的文學作品，多少還是不像藝術那麼容易被人們所接受與了解。

　　我想各位一定都看過達文西〈蒙娜莉莎的微笑〉這幅畫吧！雖說每個人看到的感覺不盡相同，但是我們多多少少都可以感受到聖母又嚴肅又溫柔的表

情，您也應該聽過貝多芬的〈命運交響曲〉，那麼您也一定可以感受到曲中震撼人心以及對人生命運坎坷的吶喊，是多麼地深入人心，令人感動。雖然我相信，對沒有人文素養的人來說，欣賞藝術，有時候會像是看默劇一樣，有點摸不著頭腦，然而藝術在多數的時候，就像是敞開大門的阿里巴巴寶庫，任何人只要走進去，都不會空手而歸的，可是文學要達到這種平易近人的境界，就困難許多了！

　　僅管文學與藝術，有些許層次上的不同，不過文學與藝術往往也是分不開的，偉大的文學家們運用文字，歌頌人類內在精神與思想上的內涵，而藝術家們，則用畫筆、用音符、用塑像描繪出同樣的精神。然而不管是文學家也好，藝術家也好，偉大的作品，都脫離不了這層與人的關係以及人類內在精神對美的追求，文學家所追求的美是一種文字語音，含意與思想情感上的美；而藝術家們的追求則是感觀與想像空間上的美，因此文學與藝術正巧包含了人類對美的不同追求方式。試想人類若是沒有文學，那麼文化與思想必然是空虛與貧乏的，沒有了藝術，生活與創意也必然是平板與呆滯的。

MIDI音樂
—— 沒有靈魂的藝術，是死的藝術

　　隨著網路的發達，這一兩年來，上網應該是再普遍不過的休閒活動之一了！可是每次上網，常會看到不少網站會配上很不搭調的MIDI音樂，對聽習慣CD音樂的我，往往會覺得很不習慣，那種感覺就好像在某些台灣鄉村的喜宴上，總會找來一些電子花車的女郎伴舞，讓人有一種說不出奇怪的感覺。

　　其實，早在十年前，網路不是很發達的時候，我就已經接觸過MIDI音樂，那時候MIDI音樂的製作是比較複雜的，必須要靠外接的電子合成樂器，透過輸入線與電腦連接，藉由音樂製作軟體，才能產生MIDI音樂檔案，然而這幾年電腦的發展，以往做在鍵盤樂器的音效與音源（Sound Effect and Source），現在只要一顆小小的電子晶片，就搞定了，所以現在的電腦，本身都會有內建的音效裝置，再也不必靠外接的電子鍵盤樂器，就可以播放逼真的MIDI音樂了！

　　另一方面，這幾年電腦軟體的進步，也相當迅速，藉由許多音樂編輯軟體，我們可以製作出許多電子音效，甚至要編寫一首交響曲，也是輕而易舉的事，不過可惜的是，如果要電腦演奏出一曲豐富感情的音樂，恐怕就很難了！

　　這幾年許多飯店的大廳或酒吧，也都會擺上一台自動演奏鋼琴，只要插入電腦磁片，一首首音樂就像現場演奏一般。不過我卻注意到一件事，自動鋼琴放在那兒演奏，往往無法吸引客人光顧，可是如果有一位演奏琴師，親自彈奏，往往高朋滿座，熱鬧非常，原因很簡單，音樂演奏，如果只有音樂，可是

沒有人的表演，那麼與在家聽CD唱片又什麼差別呢？

電腦演奏的音樂，是死的音樂，是不帶感情與人性的，或許它可以奏出精準的節奏與旋律，可是卻奏不出小提琴的雙按、斷奏、泛音、撥奏、急速頓弓等技巧，更重要的是，機械化沒有感情的音樂，就會像喝一杯太苦的咖啡，是令人難以入口的。

真正的藝術，必須是偉大的藝術，是人的藝術；必須融入了真切的情感與人生的淬練，才能激起潛藏在凡人內心深處的心弦，產生共鳴，看到真實的自我。我們可以看到那些偉大的藝術家們，那一個不是將自己的感情與生命注入，將自身所遭遇的苦難與挫折昇華，然後才能在藝術作品中，創造一種真善美的境界。

人類的藝術之偉大，就在於它具有一種無形的精神號召力量，這種精神力量，就像自然一樣偉大，面對壯闊的山河，或是在仲夏之夜，仰望浩瀚無垠的星空，我們定會感受，人生的渺小，世事的紛擾與無常，在心頭燃起一股敬畏與謙卑之心，就像走進肅穆莊嚴的廟堂，即使夜朗自大的紈絝子弟，也都會興起敬畏之心。人生也因為有了藝術，創造了一種永恆的精神力量，然而，如果人生不受藝術的感動，不去接觸，那就有如墜入人間的地獄一般，是悲慘與可悲的。

Photoshop
—— 真正的藝術必須來自人生真摯的情感

最近在課堂上教學生使用世界知名的影像處理軟體 Photoshop，一位同學說他很懊惱，老是忘記了操作指令，對於軟體操作感覺到很困難，總是很灰心，不知如何是好？問我要如何才能把這些指令記熟？我想了想，知道這是學電腦的人都會有的問題吧！只好告訴他，多操作幾次就會熟悉了！雖然我知道這個答案，學生並不是很滿意，但是我知道台灣學生在長期的考試制度下成長，已經喪失了很多自我學習與思考的能力了！

其實學習電腦有時應該是一件快樂的事，記得自己第一次接觸 Photoshop 這個軟體時，純粹是好玩的心態，想把自己照出來的照片加以修飾，於是就硬著頭皮，一個一個操作指令，亂玩亂試的，沒想到卻也產生了許多令人意想不到的奇妙結果。

在 Photoshop 的世界裡，有些指令可以讓照片看起來很變幻，攝影失誤的作品，也可加以修改調整顏色，臉上的黑痣與斑點，更可以巧妙地去除，身材與高矮更不是問題，可以隨心所欲地加以調整。可是自從知道 Photoshop 有如此驚人的功能後，對於許多報章雜上的照片，就常常會起了許多疑心，想想這張照片是否是透過電腦處理或是特殊合成的照片？有時竟會無聊地像個偵探，企圖找到照片中的破綻，可是太太卻笑我說，就算你發現它是假的又怎樣？這個世界不就是假假真真的，幹嘛花這麼多心思呢？

　　不過太太的這句話，到給了我一個刺激，的確，世界上有很多事情看起來是真的，可是卻有太多的事情，其背後卻隱藏了多少的「虛情」與「假意」，不為人知的「隱瞞」與「欺騙」，然而我們往往太相信自己的眼睛，可是卻未經過大腦理智與邏輯的思考與判斷，最後所得來卻往往不是真實的結果，甚至是許多錯誤的觀點與想法。想想幾十年前，電腦不發達的時代，每張照片所揭露的事情，難道都是千真萬確的嗎？難道沒有人為的刻意安排與心機嗎？不也常有許多陰謀與詭詐的事情發生？然而重點是，我們對一件事情，是否能不完全憑感官上的判斷，多用頭腦思考，看看是否合乎邏輯，合乎常理？還是總是人云亦云，視之理所當然？

　　想想我們現今生活當中，電視、報章、雜誌、網路，各種媒體充斥在我們的生活當中，可是盲目的社會大眾，往往是無辜的受害者。名牌商品、知名偶像，大家趨之若鶩，可是在盲目地追求之後，往往喪失了最珍貴的自我。就像使用 Photoshop 多年以後，我才發覺，最難的竟不是操作指令、硬體與設備的問題，而是自己的創意，對美與藝術的感悟能力。最後胡亂塗鴉與模仿的結果，往往喪失了自我純真的天性與風格。我想 Photoshop 功能再強大，它也不能創造一位藝術家，真正的藝術還是得來是於人類悲天憫人的那份情感與創造能力吧！

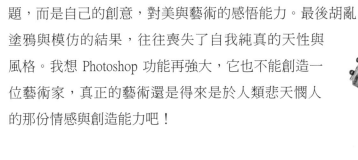

文字之美感
—— 真正的藝術需合乎科學，而且更需要美的精神

　　這幾年，大陸在政治經濟各方面的改革與開放政策，讓網站的發展也相當迅速，使得兩岸人民的交流也越來越直接與頻繁，在網路上，更是無所疆界，有時滑鼠一按就跑到對岸去了！因此也常常有很多機會接觸到對岸人民的想法與觀念，雖說彼此對於政治立場的不同，仍有許多批判與對立的言語文字出現。然而撇開政治立場上的不同，我想兩岸人民在文化背景上，其實是血濃於水的，大家同樣是炎黃子孫的後代，實在不應該為了理念的不同，就彼此仇視，互相批判。還好「言論自由」這個向來在共產國家被視為毒藥的東西，在網路上，現在已經發揮相當程度的影響力了！任何人都可以大聲地把自己想說的心裡話，直接表達出來，而不必顧慮太多。雖然我並不了解大陸官方對網友在網路上的言論，是如何加以管制，然而我想就算要管，恐怕也無從管起吧！

　　不過我對「言論自由」這個議題，並不是很感興趣，這幾年來，上網的人也多少有點共識，知道要潔身自愛，若是毫無顧忌，不知天高地厚，目中無人地胡言亂語，必然會在網路上招受到嚴厲的撻伐。畢竟在網路上，人外有人，天外有天，破壞網路秩序，或是漠視群眾公理的人，自然會受到網民的輿論制裁，所以這幾年，我覺得網路到也提供了市井小民一個不錯的言論自由空間了！大家都有平等的發言權利，彼此也都能互相尊重，雖然仍存在有某種程度的混亂，然而令人興奮的是，思想文化的開放與交流，讓更多的人可以接觸到

更多，更好的資訊，我想這是人類的另一次史無前例的
文化革命。

　　可是令我比較不習慣的是兩岸的文字差異，
常常需要看簡體字。或許看慣了繁體字的中文，
總覺得傳統的中文字，除了表達人類語言、思
想的基本功能外，尚有一份歷史與文化的
美感存在。而簡體字那種美感似乎總覺
得好像跑掉了一些，總讓人覺得缺少
了一點味道，這種感覺就好像吃碗
牛肉麵，若是沒有加一點辣椒或五香
八角的刺激，是無法產生讓我想要再來
一碗，意猶未盡的衝動。

　　不過簡體字，畢竟還留有中國文化的香氣在，比起韓文、日
文、阿拉伯文，我覺得要好許多。有時候看看韓國字和日本字，就覺得那種拼
音文字所表達的東西，就真的太淺顯了！就好像吃速食麵的感覺，除了方便快
速地填飽肚子之外，您很難獲得一種吃飽後的精神滿足感，難怪在韓國、日本
的歷史上，我不曾看到過有詩詞、書法這一類的東西存在，就算有，也是從中
國傳過去的東西，在整個人類的文化歷史上，我想也是微不足道的。

　　我並沒有輕視韓國、日本文化的意思，只是從文字上，我們就可以看出中
華民族的愛美天性，我想以中國人的聰明，若是發明幾個拼音字，來做為文字
的組合基礎，我想絕對不是問題，我也相信絕對有人這麼想過。只是能想到利

用文字的形象變化，創造出文字的美感，我想中國人是世上少數僅有的。中文字除了有其豐富的美學基礎存在，更包含著哲學與科學的精神在內，因為中國人知道，如果創造了簡單的拼音文字，雖然方便，可是無法從文字的外觀看出差異，看到更深一層的變化，那麼我們將會失去多少樂趣。試想沒法吟詩作樂或是找塊大白布豪邁揮灑的生活，對古時候，沒電、沒有網路的時代，我想人生絕對少了許多樂趣。所以中國人寧可走一條漫長的道路，讓文化與歷史的精神包裹在文字裡，所以讀中文書、看中文字，您不僅可以看到歷史，更可以看到中國人的哲學、情感，各種精神，就像一部部生動的圖畫故事書一樣。所以我相信創造中文字的人，絕對是一位不折不扣的哲學家，因為只有哲學家才會全盤思考，為了美而捨近求遠，追求一個更遼闊的空間。

　　從另一個角度來看中文字，其實您也會發現中文字也是合乎科學精神的，因為我們利用簡單的文字符號，就能將生活中，複雜的思想，豐富的情感，用簡單的文字表示出來，而科學的精神不就是要化繁為簡，找出自然界的規則或秩序，然而卻又不失原本的純真面貌嗎？

所以任何一個中文字的誕生，我們難道不能說都是
一個偉大的創作嗎？一筆一畫都代表了人類有情感
的思想在內。與英文字相比，我卻反而覺得，英
文是不夠科學的，如果有點英文基礎的人都知道，
英文字裡，有許多的同義字，相反的中文字，往往言
簡意賅。就拿老子的《道德經》來說，不過五千字，
可是包含了多少哲理與智慧，我想翻譯成英文、德
文、法文，往往只能傳達出原意的一部分，要能完
整地把中文版《道德經》的意境，思想與理念表達
出來，我想那是非常困難的。套句電腦
的術語，中文字可以表現出二十四位元
的全彩圖畫，而其他各國的文字，充
其量也只能達到八位元或十六位元
的低階色彩吧！

Part ❻ 〔哲學篇〕

擁有哲學的思考，人生就是彩色的

了解哲學不一定會使我們變得更成功，

或是更有錢，

也不見得會更幸福，更快樂，

然而了解哲學與透過哲學思考的過程之後，

卻會讓我們更清楚地知道，

人生的目標在那裡？

失戀的女孩

—— 轉個念頭，人生或許會截然不同

　　有一天，一個失戀的女孩在公園哭泣，這時一位哲學家走來輕聲的問她說：「妳怎麼啦？為何哭的如此傷心？」

　　失戀的女孩回答說：「嗯！我好難過，為何他要離我而去？」

　　不料這位哲學家卻哈哈大笑，並說：「妳真笨！」

　　失戀的女孩很生氣的說：「您怎麼這樣？我失戀了，已經很難過，您不安慰我就算了，還數落我？」

　　哲學家回答女孩說：「傻瓜，失戀有什麼好難過的呢？」

　　「真正該難過的是他吧！」

　　「因為妳只是失去了一個不愛妳的人，而他卻是失去了一個愛他的人以及愛人的能力。」

　　一般人對於哲學最容易產生的誤解便是認為哲學是一種空談的思想，或是認為哲學是一種不切實際的想法，而大多數的人也往往不知道哲學家到底在研究些什麼？總覺得研究哲學的人，思想行為好像總是怪怪的，然而這實在是一種非常大的誤解！

　　其實哲學是一門牽涉非常廣泛的學問，也是一種以思想、思辨的方式，針對人生以及宇宙各種現象、問題加以討論與研究的一門學問，人類至今有科技

文明，享受民主制度，都是由歷代的哲學思想家主導，不斷地演變，思想才漸漸進化而來。

　　然而研究哲學，最重要的並不一定是要懂得如何去解決問題，而是藉由哲學的思考與訓練了解問題的癥結所在，研究面對問題的思考方法，了解哲學家們在動盪不安的時代，如何因應時代，提出各種思想，改造自己，適應時代。畢竟對一個有哲學思考的人來說，他可以很清楚地知道，人生的有限性，到底何在？人生難免會有許多無解的問題或挫折，可是懂哲學思考的人，卻能跳脫這人生的有限性，達到一種更遼闊的境界。

　　前面這個故事，讓我們可以了解，哲學家並不能使失去的戀人回心轉意，可是它卻能讓人對失去的愛不再傷心流淚。所以生活中一個有智慧的想法，對我們是非常重要的，它可以讓我們從痛苦的深淵中，轉一個念頭，換一個想法，或許就能化悲憤為力量，轉憂而喜，而人生或許會有個大逆轉。

　　二十一世紀是一個嶄新，但也是一個多變與多元化的時代，我們應該多了解哲學的思考方式，增長自己的生活智慧，這樣才能在時代巨變的洪流中，創造出適合自己圓融自在的理想生活。

變味的牛奶

—— 沒有哲學的思維，人生就容易盲目

　　有位哲學家，在雜誌社當編輯，每天要處理大量的退稿。有一天，他收到一封信，信上說：「我知道您並未讀完我所投的小說，就將它退回，因為有幾頁稿紙我故意把它粘在一起，您並沒有把它拆開，這樣做是不對的。」

　　這位哲學家後來就回了一封信說：「如果您的早餐有一杯壞掉的牛奶，您大可不必把整杯牛奶喝完才能證明這杯牛奶變味了。」

　　想想看，我們在生活中，是否也常常會遇到類似上面哲學家的問題，許多似是而非的論調與觀點，常常會對我們的工作、生活產生許多困擾，甚至造成許多不良的影響。如果我們沒有一個哲學的思考，不能理智地看出問題的癥結所在，那麼我們在人生的旅途當中，必定會遇到許多驚滔駭浪。

　　很多人剛剛開始接觸哲學的時候，常常心中會有一個疑問，覺得到底了解哲學有什麼用呢？然而哲學可愛之處，往往就在於此，它給予人生更寬廣與更多的想像空間。有的人會認為哲學只不過是像文學，歷史一樣，各個時代，有不同的人，不同的想法；也有人會認為，哲學是一些吃飽飯沒事幹的人，在那裡胡思亂想的，也有人會認為哲學很有趣，探討「魚非子，安知魚之樂」，當然也有人會認為哲學，是一種智慧，幫助我們了解人生的種種問題。

　　其實哲學真正的功用，便在於它的精神價值以及哲學的思考過程，而這一

過程，有些是人類歷經了幾千年，才累積與進化出來的思想，我們今天享受科技的成果，享受民主制度的富裕生活，這些在遠古時代，是任何一個帝王都比不上的。然而人生就像宇宙一樣，處處充滿了變幻，時代在改變，人們的思想也跟著改變，未來也勢必會有新的哲學思想產生，但不管如何改變，哲學總要以人生為依歸，了解人生本來就是一門博大精深的學問，要處處學，實事求是，哲學的思考才不會流於一個空洞的思想。相反的，未來的世界，也是多變與無常的，人生要多多了解哲學，學習哲學的思考方法，否則不懂哲學的人生也往往是盲目與無知的。

傷心的婦人

—— 福有時也未必是真福，但禍也未必是真禍

　　有一位婦人不久前，先生才剛去世，可是過了沒多久，唯一的兒子又遇上車禍，結果也不幸喪生，所以對自己接二連三的噩耗，心情很沮喪，無法平息，有一天，來到教堂，在神的前面祈禱平安，並告訴神父：「我每次都很虔誠的向神祈禱平安，可是如果神真的存在，就不會讓我遭受到這麼多苦難。」

　　神父說：「如果世上沒有苦難，您又哪有機會欣賞到莎士比亞的悲劇，感人肺腑的愛情故事？如果沒有苦難，人根本不會得到真正的幸福。因為當我們擁有幸福快樂的時候，我們常常都不知道自己正擁有著幸福快樂。就像一年四季，要是沒有冬天的酷寒，又怎能顯出春天的可愛。我們現在經歷了苦難，他日有一天，環境改變時，我們才懂得什麼是平安與幸福，或是懂得欣賞快樂，感受到真正的喜悅，這才是很美好的安排。

　　看完上面的故事，讓我想起春秋戰國時代的思想家淮南子，曾經講過一個「塞翁失馬，焉知非福」的故事。大意是說一位老翁，不小心失去了一匹馬，心中覺得非常懊惱；可是過不了多久，失去的老馬反而帶回一匹駿馬，老翁因失而復得，心中非常高興。可是沒過多久，老翁的兒子，因為不諳馬性，騎馬時摔傷，負傷在床，因此他又覺得，無意中得來的馬是禍。可是當時正逢戰爭，國家徵召壯丁赴沙場，兒子因為受傷，所以不用入伍當兵，因此保住一條

小命。

所以有時候人生的遭遇，福與禍很難蓋棺論定，所謂「是福不是禍，是禍躲不過」，雖然每一個人都希望「趨吉避凶、求福避禍」，然而人生世事如浮雲，變幻莫測，不可能萬事皆如意，所謂「禍不單行，福無雙至。」但最重要的是我們要有面對福禍的智慧，否則不懂得惜福，等到福份享盡，禍患便接踵而來了，所以說「禍兮福所倚，福兮禍所倚。」真是至理名言啊！

不過多數的人對於「福」與「禍」，就如「煩惱與菩提」往往分辨不清。而且總是過分地以世俗或是主觀的想法來判斷，例如總認為擁有財富，權位，名望，是一種福氣，然而往往有時候本來是「福德因緣」卻由於心念不正，貪求無厭，最後反而由福轉禍。相反的，人生難免會遇到困境與艱難，甚至禍不單行，然而有智慧的人，在遇到財物損失、家人不幸、自身災難時，反而更能理智地面對，不怨天尤人，並且能夠忍人所不能，由靜生智，最後反而逢凶化吉，轉禍為福。

其實福與禍，往往是在於我們面對的智慧與一念之間，有時候福也未必是真福，禍也未必是真禍，就看我們能否心存善念，放下執著與貪念，那麼福與禍，都只是一種因果循環，有時「失之桑榆，收之東隅」，那麼人生又何需計較太多呢？或許以一顆平常心去面對，人生反而活得比較自在吧！

當哲學碰上科學

—— 科學發展與研究，需要哲學來引導

　　哲學與科學的關係其實並不是很明顯，可是就性質上來說，它們都是一門理性的學問。科學著重的是觀察現象，然後假設現象發生的原因，最後藉由實驗去驗證；然而哲學，是一種純粹的理性思考與想法，而這種想法，通常透過邏輯的討論與辯論方式，來追求一個真善美的最高目標。所以科學往往是看數據、看結果，而哲學往往是看精神、看討論的過程。比如說，就生命的起源問題，科學所要研究的方向，如果假設生命是自然發生說，便需要利用實驗室想辦法製造出生命或是類似生命的物質。如果假設生命是由外星人所衍生出來的，科學便要想辦法藉由科技所發展出來的太空船，飛到外太空，探勘是否能發現其他類似地球的生命。然而科學的假設，仍然要有哲學的思考與哲學的引導，才能有正確的發展方向。人類現今科技的發展，成就非凡，可是我們如果要論功行賞，最偉大的還是自古以來的那些哲學家，也由於它他們思想上的引導，不斷的進化與改革，最後才能讓科技發展朝向正確的方向，帶給人類真正的文明與幸福。

　　就拿生命起源這個問題來說，如果假設是外星人衍生之說，而人類也一直往外太空發展，可是等到有一天人類或許已經走遍了太陽系或銀河系，結果才發現，宇宙中根本沒有其他的生命，那麼勢必人類會相當的懊惱當初的假設方向錯誤，花了那麼多的時間金錢與力氣，勞民又傷財。所以在研究一門科學的

同時，哲學家往往也會撇開所希望達成的目的，以比較不一樣的角度來看看科學是否真的帶給人類利益，還是只是一個短暫而僅有少數人可以享受的利益。例如人類在研究太空科技的同時，哲學家便會思考太空科技是否會帶來一些負面的影響？比如說，將外太空的「異形」或是「病毒」帶入地球。也只有透過哲學家們對科技發展的優缺點、利與弊，做一理性的批判與思考，科學家們最後才能找出正確的方向，衡量得失。就好像二十世紀早期人類發展核能與核子武器，然而現在我們都知道核能是一種高危險的能源，雖然他是一種相當有效率的能源，可是權衡得失，或許使用傳統的石化能源、風力、水利以及其他可能的替代能源才是長久之計。然而這一結論與過程，都要有一個良好的哲學思考的引導，才有可能達成。

台灣今天，小小的一個島嶼，就蓋了三座核能電廠，而現在正要蓋第四座的時候，終於出現了反對的聲浪，這是一個好的現象。畢竟，一個國家社會要有長足的進步與發展，為政者就需要有良好的哲學思考訓練，否則，科技的研究與發展，沒有哲學的引導，就很有可能誤入歧途，為人類帶來禍害。

一樣的月光

—— 有哲學思想的人，才懂得欣賞月亮的美

前幾天夜晚，走到後院的陽台洗衣服，忽然抬頭，斗大的月亮高掛在天上，雖然有點朦朧的雲彩，看起來有點發黃，但正巧的是，此時四下無人，感覺好像月亮正眼巴巴地瞪著我看呢？雖然身為二十一世紀的人，月亮對我已完全毫無神秘感可言了，可是畢竟自己身上流著中國人的血，讀了一點點屬於中國人的書，所以面對月亮時，難免也會產生一點異樣與矛盾的心情，這種矛盾我想應該是中國人特有的吧！對一個美國人來說，我想他絕對不會了解，中國人的感性，就連月亮，自古引來多少文人雅士對月吟唱，面對月亮，我無法再多說什麼，畢竟，我這樣的無名小卒，又怎敢在月亮的面前耍嘴皮子呢，不過我到想起蘇軾的〈水調歌頭〉：

明月幾時有？把酒問青天。

不知天上宮闕，今夕是何年？

我欲乘風歸去，惟恐瓊樓玉宇，高處不勝寒。

起舞弄清影，何似在人間。

轉朱閣，低綺戶，照無眠。

不應有恨，何時長向別時圓？

人有悲歡離合，月有陰晴圓缺，此事古難全。

但願人長久，千里共嬋娟。

我再也想不出，還有什麼更好的詩，或是更好的詞，能把人生的際遇，人的感性，描寫得如此透徹、簡單，卻又不失對人生追求完美的期望，所謂「月明星稀，人生幾何？」此時忽然讓我感受到，蘇軾對人生苦短的感嘆中，似乎也隱藏著幾許壯志未酬的愁緒悲懷！

　　我沒見過蘇軾，更不知道他的模樣，可是一闋詞，卻深深地觸動著我的心弦，讓我在夜深人靜，明月高掛的夜晚，在陽台上靜靜地佇立了許久。雖然此時我僅身著短短的上衣，冷颼颼的涼風吹來，令人有點發抖，可是此時此刻，我的內心卻是溫暖的，我深深感受到為什麼國中、高中的課本，把蘇軾列為我國宋代最偉大的文學家了。我想詩人的偉大，就在於將自身的苦難，現實的煩惱拋諸腦後，以其自身短暫的生命為蠟燭，然而卻燃燒出無限的光亮，就像此時的月光，仍無私地照亮著後代的每一個人。對中國人來說，如果沒有孔子、孟子、老子、莊子、李白、陶淵明、杜甫，沒有他們一句發人深省的話，沒有一首觸動人心的詩，我真的無法想像現在的中國人會是怎麼樣？

　　有時我也在想，翻開古人所寫的書，聽古人所譜的樂曲，把玩一些古董，走訪古人所留下來的遺址，世間還有什麼東西，可以讓我們與古人有上接觸？我想除了頭頂上一樣的月光之外，還有什麼，可以如此跨越時空，亙古長留的？正如李白所說的「今人不見古時月，今月曾經照古人。」想想今晚的明月，也曾經是李白所見的「床前明月」，王安石泊船瓜洲「明月何時照我還」壯志未酬所見到的月光，或是蘇東坡「明月幾時有」感傷時所見到的月光，更是地球上千千萬萬人所見到的上弦月、下弦月。只是月亮我們都常看到，可是如今又有多少人，會在心裡想到它？此時此刻，我不免又覺得心冷與孤單了！

哲學與藝術

―― 哲學使人生更有智慧，藝術讓人生更具色彩

　　哲學與藝術可以說是人類追求精神領域的兩大方向，它們都是人為想像所創造出來的宇宙，從古至今，要不是有哲學家們所創造出的思想體系，指引著人類，那麼人類就不會有今天的文明，過自由、豐富與民主的生活，同樣地，世界要是沒有了貝多芬、莫札特、蕭邦的音樂，畢卡索的油畫，李白雋永的詩句，那麼世界更會黯淡無光，了無生趣。

　　哲學與藝術最大的意義就在於其對人的精神價值，人生沒有了哲學，人的思想便有如一棵槁木，沒有靈魂，沒有朝氣，容易囿於積習和偏見，而人生的意義與價值就很難圓滿，人生若是不懂藝術，那也是可悲與可憐的，而精神往往是空虛與寂寞的。

　　就拿最平常的生活瑣事來說，吃飯、睡覺，或是走在路上，哲學家也都會有不一樣的想法。對哲學家來說，生活並非一成不變與索然無味的，他們會在單調毫無變化的生活中找到生活樂趣，在脆弱的生命中，找到生命的力量與意義。

對哲學家來說，即使啃一口乾澀無味的麵包，或是走在路上跌了一跤，都會認為有不同的意義，所以哲學家讓人類思想更為豐富，更為寬廣。因此「塞翁失馬」，也是另一種收穫，李白「舉杯邀明月」，也是一種樂趣，老子的「道可道，非常道」，則更是一種智慧。

　　同樣地，藝術家所看到的世界，也往往與一般人截然不同的，在藝術家的眼中，生命就是一種鮮活的藝術，不僅多采多姿，更是獨一無二的。然而藝術家所憂慮的，是生命的短暫與脆弱，所以他們盡可能地，抓住生命中的每一片段、每一角落，企圖留下任何一點足跡，找尋生命永恆的蹤影。這種精神，或許也是人類追求藝術最原始的動力，然而跳脫了這一層，那麼很多所謂的藝術家，充其量也只能是一個工匠而已。但不管怎樣，藝術確實為人生帶來了豐富的色彩，如果您有機會走在紐約或巴黎的街道上，您就會發現，這個世界和您所認知的是多麼不一樣。

　　然而從另一方面來看哲學與藝術，似乎它們都不存在於自然界，然而卻是人類對自然界所激發出來的一種情感，一種想像。哲學家遠望那遙不可及的星塵，而感嘆宇宙之無極，登高山看那山河之壯闊，雲霧之飄渺，而有「不識廬山真面目，只緣身在此山中」之詩句。藝術家看到綠野田園之美，而譜出田園交響曲，看那落日的夕陽，而有「夕陽無限好，只是近黃昏」之感慨！

　　所以自然是哲學與藝術的源泉，而人類精神之偉大價值，便在於超越了自然，追求永恆與真善美的境界，而此一境界卻是自然界所不存在的地方。哲學與藝術，您對它有什麼樣的感覺呢？

夏天溜冰，冬天游泳

—— 用心看世界，世界會更寬廣

　　美國一位心理學家威廉・詹姆士（William James），曾經說過一句頗富哲理的話：「我們在夏天學習溜冰，在冬天學習游泳。」或許您會認為他是否說錯了，其實這句話的意思是說，我們在夏天的時候，因為我們沒有真正的去溜冰，可是我們因為潛意識裡一直在想溜冰的事，所以我們即使在夏天，心裡都還想著溜冰的情境。相同地，冬天也因為我們老想著游泳，所以我們也在冬天學習游泳。因此我們有時候會發現，雖然第一年還不會游泳，可是第二年我們突然有所進步就學會了，第一年學溜冰，還不怎麼會溜，跌跌撞撞地，可是到了第二年，卻忽然學會了，不僅溜得順利，連膽子也增加了。

　　其實，這說明了決定我們學習的動力與結果，往往在於我們的心念與意志，雖然有很多技巧部分需要實際不斷地練習。但是很多時候，技巧層次的提升，往往要靠心境的成長與體驗，然後才能達到心神合一的境界，而這個心神合一的境界，也就是中國老莊思想所說的「道」。

　　莊子曾經講了一個庖丁解牛的故事，故事是說有一個叫庖丁的人，專門在解剖牛隻，有一次文惠君看庖丁解牛，發現庖丁的技術，出神入化，當他把牛隻解剖了，牛隻甚至都不知道它已經死了，文惠君很好奇地問庖丁為什麼可以達到如此的地步？庖丁卻說，他所使用的不是技術，而是「道」，因為當他年輕剛開始解剖牛的時候，眼中就只看到一頭牛，可是三年之後，他解剖的牛越

來越多，這時眼睛所看到的就不再是一頭牛，而是牛身上的筋骨脈絡等結構，從此以後他解剖牛，便用心神意識去體會，而不需要用眼睛看了。

其實這個故事告訴我們人有身心兩面，然而控制我們身體的往往是我們的心，所以很多運動家、體育家、舞蹈家、藝術家，他們不斷地在體能與技術上練習，可是如果他們不能將心靈的層次提升，用心去體會，那麼往往他們會遇到很多瓶頸與障礙。

另一個故事我覺得對我們人生也有很多啟示。故事是說有一個學畫畫的學生，找了許多老師學習，可是他總是覺得自己的畫沒有辦法突破瓶頸。後來有一次，聽說有一位非常有名的畫家，每天都會到公園裡對著一顆老樹畫畫，這個學生很好奇地去公園見了這位畫家，問他為什麼老是對著一顆樹畫畫呢？畫家就對學生說：「因為我每次來公園看到樹的狀態都不同，有時候光線強，有的時候光線弱，有時候樹上會有小鳥在唱歌，有松鼠在玩耍，而樹木每天也都在成長，變化，春夏秋冬也都不一樣阿！我雖然每天來畫同樣一顆樹，可是我每天會看到不一樣的景緻，而對我產生的心情與想法就更千變萬化了，更重要的是我所要畫的並不只是一顆樹而已，我要畫的是一幅活生生的畫。」因此心是我們人生的主宰，當我們只用眼睛來看這個世界時，那麼我們往往看到很多不真實甚至錯誤的事情，可是如果我們能敞開心胸，多用心去感受周遭的事物時，我們便會發現，這個世界是多變，神奇與充滿知識的，然而，局限我們自己的，往往是我的自己主觀的意識與偏見，而這更是我們人生求「道」的最大阻礙。

火車窗口的啟示

—— 人生要善於規劃，才不會搭錯車

隨著經濟的發展，我想越來越多的人開始使用汽車來代步，對於火車恐怕會認為這是個落後時代的產物。前一陣子因公出差，突然覺得好久沒有坐火車了，索性便決定搭火車出發，一路上雖然有點擁擠，但在擁擠與陌生的人潮中，反而喚起我許多童年的回憶。

小時候，爺爺奶奶住在嘉義，每到寒暑假，爸媽便會坐火車送我去看爺爺奶奶，因此童年的記憶中，坐火車是一種快樂的經驗，在火車上，我可以享受鐵路局獨特的便當，小販們沿站叫賣的零食，然而有時候我也會望著車窗外的景物發呆。童年畢竟是純真與無知的，記得小時後會問爸爸一些莫名其妙的問題：「為什麼車窗外的人都會往後跑，而不會往前走呢？」不過有時我也喜歡靜靜地欣賞窗外的美景，只是這些回憶對我來說，現在都已是模糊與遙遠的了！

如今再次搭上火車，我仍然靜靜地看著窗外，使我感覺人生不就像搭火車一樣嗎？窗口前的景物總是在您眼前呼嘯而過，驚鴻的一瞥，或許什麼也沒有留下，可是當我們眼光放遠，心情放輕鬆，窗外的景物不又清晰映在眼前？

人生很多時候，不就像搭火車一樣嗎？總是會為了許多原因，只見眼前的目標與利益，可是卻往往忽略了遠處的美景，老是想著財富、權利，總想要抓住些什麼。然而人生之旅，卻是非常短暫的！當火車抵達終點時，能留下的，

恐怕也只有在腦海中一些殘缺片段的記憶吧！如果我們在搭火車的時候，可以放鬆心情，泡一杯清淡的烏龍茶，靜靜地欣賞窗外的美景，讓美好的景緻留在我們的腦海。想像自身彷彿騎著一匹野馬，奔馳在蒙古草原之上，或許映入眼中的可能只是一片稻田，幾棵老樹，或是荒郊野地的一片芒草。可是只要我們敞開心胸，您就會發現，每一分，每一秒，都有不同的變化，您更會驚訝，世界的奇妙，在不同的地區，存在著許許多多的變化與驚奇。或許每一個窗外的景物，不見得都是美景，然而只要我們用不一樣的心情，我想火車之旅，絕對是令人心曠神怡的！否則坐在火車上，可能想睡也睡不好，坐也坐得不舒服，心情可能也是煩躁與無聊的。

　　不過搭火車，也要選對時間，選對行程。比如說，搭了一班大夜車，那肯定是什麼也看不到的；又好比選擇了山線列車，那也肯定是穿梭在山谷與洞穴之中。所以人生有時也要善於選擇與規劃，選擇了好的目的與行程，不但可順順利利到達終點，而在過程中也能盡情享受那多采多姿的變幻與驚奇。相反地，如果人生只是隨意搭上一列電聯車，那肯定是匆忙與紛亂的，見著來來往往與擁擠的人潮，不要說欣賞窗外美景，恐怕想閉一下眼，都會受到許多的干擾吧！親愛的讀者，您想清楚了要搭什麼樣的人生列車嗎？人生，只有自己發現生活的趣味，那麼搭火車、坐飛機，走在路上，或是掃掃地、刷刷牙，也都各有樂趣與變化。人生的樂趣，是玩出來的，玩，並不是隨隨便便，而是要以輕鬆開闊的心情，用智慧與不一樣的眼光，人生懂得玩，絕對會樂趣無窮！

朦朧之美

—— 多一分心體會生活周遭事物，人生會更多彩

　　在眾多古典樂器之中，我最喜歡三種樂器：鋼琴、吉他與豎琴。這三種樂器都有一種特色，就是在音響上，可以製造出一種「泛音」效果，而這種效果往往有一種朦朧美，最明顯的應該就是豎琴了！如果我們輕輕地在豎琴上撥動一下，往往聽起來好像潺潺的流水聲，非常美麗。或許您會問，什麼是泛音效果呢？簡單地說，它是一種音與音的重疊效果，比如說，在鋼琴上彈出一個Do音，雖然我們聽到的只是一個音，然而如果用精密的聲波儀器測量，我們可以發現，很多高於Do 的音，也一起同時發出，只是這些音，因為音量很低，我們的耳朵往往聽不出來。

　　事實上，在自然界，「泛音」效果也是一種很普遍的現象，例如我們聽到的雨聲、風聲、嬰兒的哭聲，甚至隔壁傳來的麻將聲，這些聲音，都不是一個單純的純音，而是很多音所結合在一起的。就像遠處傳來的鐘聲，也參雜著許多複合的聲音，噹噹的響，隱隱約約、高高低低的感覺，令人聽起來感到遙遠、夢幻，但卻又很舒服而不刺耳！其實這種感覺，唐代詩人張繼在〈楓橋夜泊〉一詩中，把楓橋、寒山寺、鐘聲的優美意境融為一體，成了千古絕唱，創造了一種充滿詩意的「朦朧之美」：

　　　月落烏啼霜滿天，江楓漁火對愁眠，
　　　姑蘇城外寒山寺，夜半鐘聲到客船。

　　雖然我不曾到過蘇州的寒山寺，然而每當在冬天濕冷的夜晚，這首詩總會在我的心頭，出現一幅冰雪蒼白的景致，彷彿身歷其境，聽到了鐘聲，化身成一位夜客他鄉的遊子，是一種真實卻又有如夢幻一般的感覺，雖然偶爾也可以體會到詩中的那份孤寂，然而這種朦朧的感覺，卻是一種無暇的美麗，常常讓我熱淚盈框，久久不能釋懷！

　　這幾年，學的是電腦科學（Computer Science），大部分的工作也與電腦脫離不了關係，然而這麼多年來，我仍然無法在電腦上找到一點兒這種「朦朧」的感覺，甚至可以說一點兒都沒有！這幾年，或許已經習慣了電腦的固執，然而每當我在思慮上碰到瓶頸時，電腦往往無法讓我獲得更多的想像空間，只有暫時離開電腦，走到戶外。或許樹梢上的一隻小黃雀，都會讓我滿載而歸。我想，這也是電腦最大的缺憾，就是太過精密了，○與一的組合雖然造就了電腦的神奇，然而單一缺乏變化，又不能創新的先天障礙，也讓電腦侷限了自己。

　　其實，「朦朧之美」在於它能有充分的想像空間，就像我們對兒童時的回憶、初戀的情人、得不到的愛情一樣，久久無法忘懷！因為我們是那夢境中的主角。同樣的，一幅畢卡索的油畫，張三與李四，絕對有不同的想法與觀點，因為他們都把自己融入了畫中，加上了自我的想像。相反地，在科技時代，往往很多東西都太真實了！就像我們看一個真實的照片、寫實的記錄電影，就很難創造出朦朧之美的感覺。因為太真實的東西，我

們除了張大了眼睛，滿懷驚愕與感嘆之外，留在我們腦中的往往是一片空白！更無法刺激我們產生任何想像的美感。

記得小時候看到父親畫國畫的時候，常常覺得很奇怪，為什麼總是把風景山水畫得像仙境般那麼美？常常看到雲霧飄浮於山水之間。後來上了高中美術課，老師才說，這是中國人將哲學思想溶入繪畫的一個例子，因為中國的山水畫，給人有一種朦朧的感覺，遠看、近看都是朦朦朧朧的，也因為觀畫者看不清楚，於是就會開始想像，所以這使得觀畫者與繪畫者能超越時空，情感交流。或許是因為觀畫者，加入自己的想像，進而會有一種身歷其境的感覺，所以越看越美。

真實的人生也是如此！只要我們能多一分心去觀察周遭的事物，多加一些想像的空間，或許平淡無奇的生活也會增加了許多色彩。朦朧之美，並不在於事物的本身到底美不美，而在於觀看者的心，如果內心充滿一顆喜悅善良之心，看到的自然是美；而如果內心充滿了邪惡與雜念，看到的自然是醜陋了！

行到水窮處，坐看雲起時

── 換個觀念與想法，人生會更豁達與開朗

　　有位朋友有一次去巴西旅行，看到一隻非常美麗的烏龜，牠的殼和頭尾都是翠綠色的，並且帶有著深咖啡色的花紋。烏龜的背高高的隆起，弧線優美而光滑，不像一般的烏龜那樣扁平。最奇特的是，那烏龜的嘴很大，兩邊的線條翹起，像是一直在微笑；眼睛炯炯有神。後來這個朋友百般懇求，出了高價才向原來的主人買下，打算運回台灣。

　　這隻需要雙手才能環抱的大烏龜，重達三十公斤，通過了動物進出口的種種繁複檢驗，花了三個月才從海運用貨櫃託運回台灣，這位朋友心想：「萬一死掉了，就做成標本。可是沒想到開箱的時候，烏龜竟然還好端端的，明亮的大眼睛突然張開，讓人嚇了一大跳。」可是過了一個月，這位朋友，有一次到南部去旅行，離開一個星期，心想，不能每天餵牠，於是離開的時候放了三把熟透的香蕉，可是沒想到一星期後回來，烏龜卻意外地死了！

　　後來找了一位獸醫來看，醫生卻說：「烏龜是給撐死的，牠把一大把香蕉一口氣吃完，無法消化，活活給噎死的！」

　　看完這個故事，不禁讓我替那隻美麗的烏龜惋惜！或許牠留在巴西，可以好好的活著，可是人們往往為了自己的私欲，卻殘害了許多無辜的生命。不過烏龜的死，是值得我們引以為警惕的，牠在沒有食物以及陰暗的船艙中，居然

可以存活三個月，可是沒想到，在不愁食物的環境下卻反而給噎死了！

我們人生在世，很多時候不也像這隻烏龜一樣嗎？有多少人不是在豐衣足食，奢侈浮華的生活中，喪失了自己的鬥志，驕縱自滿，恣意妄為，最後反而種下了禍患，戕害了自己。相反地，也有不少人在困境當中，卻仍不放棄自己，奮戰不懈，臥薪嘗膽，最後完成偉大的理想與目標。因此人生的逆境，並不可怕，它反而是人生成長必經的旅程，相反地，順境也不足以喜，因為它會讓我們養尊處優，喪失鬥志，忘記環境與生活當中的危難。所以逆境才是試煉我們人生最好的法寶，因為在逆境時，我們才可以看清人情的冷暖、患難之交的真心、體會夫妻患難與共的真情。反而在順境時，我們會碰到太多的酒肉朋友，對於身邊所擁有的事物，我們往往不懂得珍惜，最後反而失去所有。

但不管順境或逆境，人生難免都會遇到，然而重要的是，不論何種環境，我們都要有適應環境的能力與智慧，那麼順境和逆境，只不過是人生歷練的磨刀石而已。有智慧的人，會在順境中學得珍惜，懂得自我克制與反省，在逆境時會學得思考，懂得不屈不撓，勇往直前。否則，就像那隻美麗的巴西龜一樣，害死牠的往往是自己的無知與貪求無厭的結果。

唐朝的詩人王維，在〈終南別業〉這首詩中，曾說了兩句很有哲理的話：「行到水窮處，坐看雲起時。」對人生面臨困境，遭逢艱難的時候，有很好的啟示：就像我們平時登山，順著水源往上走，如果我們只想一探究竟，最後難免會遇到水的源頭，或許是一面山崖，或許是地底冒出的山泉，最後水也沒有了，我們便會大感失望！可是往往這是我們心理作用的緣故，因為我們常常會在心中預設立場，期望著水的源頭是一片瀑布或是大湖，那麼我們當然會失望。如果我們換個角度，走到水的盡頭，如果什麼也沒有，可是坐下來往天上一看，我們就會發現，原來水上天去了！雲霧湧現，虛無飄渺之間，也是另一種境界。就如人生，我們辛苦地求事業、求財富、求愛情，可是往往到最後會發現自己走入一條死路，無法繼續，可是如果我們能轉個心念、放下執著，那麼逆境又何嘗不是人生的一個轉機？轉一個彎，換一條路，人生或許會更豁達與開朗！

Part❼〔宗教篇〕

人生無常，了解宗教會讓人生更開闊

宗教不一定是現代人的必經之路，

但是信仰宗教，了解宗教，

卻是實踐人生目標的一個不錯方法。

宗教不應該有好壞之分，

但我們卻應該嚴格看待，

它對人所產生的種種影響與結果，

而追求善道與善果，

便是一切宗教的最高指導原則。

信仰兩種教

—— 宗教就像一層濾光鏡，讓人看見光明

　　有一次和一個朋友閒聊，後來朋友提到證嚴法師認為每個人要活得快樂自在，一生中都要信兩種教，您知道是什麼教嗎？當然不是「睡覺」，是「不計較與不比較」，我覺得挺有趣的，但仔細想想，這的確是一個真真實實的智慧想法。

　　宗教若以哲學的眼光來看，很多時候它是生活的一種高度智慧，而這種智慧，有時候卻是要我們去親身體驗，去感受才可能悟出其中的道理，若是生活中處處與人斤斤計較，向人比較長短高低，人生何來的快樂？而這一不計較與不比較，正是宗教哲學智慧對人生的最大影響，它告訴了人們，做人要懂得謙卑，先能從生活中不計較與不比較，自然快樂就來了。

　　不過因為宗教的歷史由來已久，各家各派也都有其獨特之處，所以宗教也往往披上了一層神秘的面紗，常會讓人與迷信、神鬼，連想在一塊兒。

　　其實宗教不應該有好壞之分，只有適不適合，學習宗教，了解宗教，並不是要求往生之後的解脫或是得道成仙，也不是要利用宗教來彌補我們過去所犯下的罪孽。只是，人性中有善惡兩面，我們信奉宗教，最重要的是希望藉由宗教的力量，來教化我們的心靈，使我們發揮善良敦厚，正義仁愛的天性，脫離環境對人們所造成的負面影響，避免因為受到外來環境的誘惑，做出違背良心的事情。就像漢武帝有一天與臣子壽王和東方朔談及有關什麼東西最乾淨的問

題。

　　漢武帝問：「世上以何為淨？」

　　壽王道：「世間上的萬事萬物，均以水而得潔淨。東西髒了，經過水洗就得潔淨；身體汙穢了，用水沖洗也能塵垢盡除。」

　　東方朔聽後不以為然，反問道：「假如有人把尿液滲入酒裡，請問如何以水為淨呢？」

　　漢武帝聽後深覺有理，再問東方朔：「依您之見，以何為淨呢？」

　　東方朔答道：「臣以為『眼不見為淨』。」

　　漢武帝再問：「眼不見為淨，那世上又以何物最為汙濁呢？」

　　東方朔回答說：「那只在於見與不見的分別罷了！」

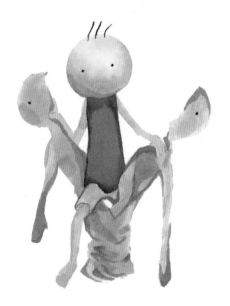

　　所以宗教就像一層濾光鏡，讓我們眼睛看見人生的光明，把所有外在環境的污濁與黑暗摒除在外，而不會影響我們有知覺的心。當我們的心能夠在清淨的環境下，人生自然就可以比較自在，懂得用謙卑的心態去面對人生的際遇，對於人生的成功或失敗、財富、權貴，都可以運用智慧去掌握。此外，對於人生一些無法理解的現象與問題，宗教也導出人生「善的智慧」，用一個更寬廣的心態去面對人生的生老病死，人生聚散離合的無常。選擇了合適自己的宗教信仰，可以讓我們的人生觀，更豁達，更開朗，心靈上有一個長遠的歸屬與寄託。

總統下鄉

—— 宗教是教化人心最好的導師

有一個小和尚問師父：「我們每天吃齋唸佛，是為了什麼？」

師父又問小和尚：「你平時穿衣服是為了什麼？」

小和尚答：「當然是為了保暖。」

師父說：「這不就對了，吃齋唸佛，只是要培養我們的善念，並不是學佛的目的，如果我們過度地追求形式，那麼就失去了宗教原本的意義了。」

宗教與人生，其實對很多無神論者，或是無宗教信仰者，認為都沒有直接的關係，可是我們看看現在的世界，之所以還能有一點希望，社會還存在基本的安定與秩序，我想宗教仍然有它一定的影響，在台灣有幾個不錯的宗教團體，它們都不斷地在為社會默默地付出。我們今天在台灣這麼混亂的政治環境以及複雜的世界經濟局勢中，如果仍然能看得到一些穩定與祥和的氣氛，我想宗教的力量，還是有很大的功勞。

每年北港馬祖繞境的儀式，可以說在台灣中南部，掀起了一股很大的風潮，看著家家戶戶，老老少少追隨著車隊到各大廟宇參拜、進香，使我想起，這比總統下鄉巡訪還要熱鬧。所以宗教對中國人基本上來說，還是有相當大的影響，只是在信奉與追隨宗教信仰的同時，我們千萬不要放棄了對自我人生了解與啟示的機會，否則宗教信仰，只拿來參拜、求財、求功名，可是對自己的

人性思考與人生目標卻沒有一點影響，那麼宗教也只是一個過分神化而沒有實質意義的假象！

　　所以宗教信仰，就像我們天冷了，要穿衣服一樣，目的是在保暖，如果過度地追求華麗，那麼原本保暖的目的就容易喪失了。不過人生無常，宗教所能帶給我們的，也不是要去解決我們所遇到的各種問題，而是藉由宗教的信仰，讓我們對人生產生更多的信心，提供我們對人生際遇的不同思考方向，激發出人性中善良敦厚的個性，對於人生中的險惡與不良環境，提供了更多的智慧，指引一條光明的道路，而人生的路途或許會更寬廣，有一條截然不同的過程與結果。

　　知名導演賴聲川曾經翻譯了一位西藏喇嘛（馬修·李卡德）所寫的書，書名叫做《僧侶與哲學家》，作者曾提到：

　　「我一直有很多機會接觸許多極有魅力的人士，可是他們雖然在自己的領域中都是天才，但才華未必使他們在生活中達到人性的完美。具有那麼多的才華，那麼多的知識和藝術性的技巧，並不能讓他們成為好的人。一位偉大的詩人可能是一個混蛋，一位偉大的科學家

可能對自己很不滿，一位藝術家可能充滿著自戀的驕傲。各種可能，好的壞的，都存在。」

　　所以作者也揭示了現實人生的許多現象，人生可以窮究一生的時間，去完成許多偉大的事蹟，成為世人所尊敬的詩人、音樂家、科學家，可是人生如果沒有接受宗教的引導，那麼這些所謂的詩人、音樂家、科學家，往往在很多方面仍是不完美、甚至是離譜的。

　　當然科技文明的二十一世紀，宗教信仰，不見得是人生的必然與必經之路，可是宗教就像人類心靈的導師，不懂宗教的人，在人生的旅途上，難免跌跌撞撞，往往自己不見得能看出問題的所在，沒有智慧的想法，去面對人生所遭遇到的種種問題。可是，人生如果可以藉由宗教信仰來幫助我們，讓宗教莊嚴與神聖的力量，導引出人性中的善念，學得謙卑的智慧，自然在面對人生所遭遇到的種種問題、各種挫折與失敗的時候，就可以用一種不同的方法或角度來思考，面對人生的無常。不過宗教沒有所謂的好壞，就看您的心是否能真心誠意地接受，也就是中國佛教常說的，有沒有因緣罷了！

命運掌握在自己手裡

—— 生死雖有命，然而命運卻需要去創造

最近看著電視上充斥著很多的星座算命節目，看著那些老師口沫橫飛的樣子，讓我感觸很多，想想人的命運與運勢要是如這些老師們所說的那麼簡單就可以改變，那麼豈不早就天下太平了！為什麼人世間還會有這麼多紛爭與禍亂，所以孔子說：「不知命，無以為君子。」「君子有三畏，畏天命，畏大人，畏聖人之言。」勸人應該要了解自己的天命，敬畏天命的造化，要順應自己的命運，對於怪力亂神，應棄之不談。

然而現代人雖處於科技時代，但是人畢竟所知仍然相對有限，對於過去與未來，生與死，總是抱著好奇與敬畏之心，這是可以理解的，只是我們要如何知命呢？一般的人，喜歡求神問卜，透過江湖術士的解說，解決心中的迷惑，雖然並非所有的算命卜卦之士，皆為無中生有，信口開河，然而能真正替人消災解難，指點迷津的人，實在是少數。算命之士所言，準與不準，往往是自由心證，多數是我們自己的心理作用所影響的。

那麼究何謂命運呢？其實，命是我們生而註定之事物，我們無法改變，例如我們生在富有或是窮困的家庭，有什麼樣的父母兄弟姐妹，這些都不是我們所能控制的定數，也無法改變，所以我們的命會受制於此。因此有人生而穿金戴銀，有人卻生於貧窮，三餐不繼，同樣地有人生而耳目聰明，過目不忘，亦有人生而癡呆智障，然而這是屬於命的部分。可是人生的奇妙，又在於它富有

變化，而這就是運，有時候，人雖生而貧窮，靠著後天的努力，也會有輝煌騰達的機會。歷史上著名的軍事家韓信，便是最好例子。韓信少年喪父，家境非常貧窮，後來雖勤奮苦讀、滿腹韜略，可是想要在地方當個小吏，都沒有辦法，因此常常三餐不繼，還曾經遭受地方混混的胯下之辱，不過韓信卻不以為意，仍然懷抱著理想與希望，最後遇到了蕭何的賞識，推薦給劉邦，才有一展長才的機會。而劉邦能順利打敗項羽，稱霸為漢王，靠的也是韓信所建立的汗馬功勞，然而韓信有這般本事，憑藉的完全是自己的毅力和努力，即使在貧困的生活中，依然不忘苦研兵法戰術，勤練武藝，而這便是他改變命運的最好寫照，無奈韓信的命實在不好，最後仍死於呂后之手，無法善終。

所以人生的命運，我們的確很難去預料，但是我們絕對可以有充分的智慧去面對它。命雖然前世已定，然而運卻可以改造，所以運比命來得重要，然而改運，靠的不是求神問卜，五行八卦之術，需要的是我們的智慧。比如說，一個人，生而窮困，可是如果人窮志不窮，時時不忘讀書修身，心境知足常樂，安貧樂道，而相隨心轉，如果心能常保安祥和善，那麼相貌也會轉善成福，日子久了！好運就會跟著來了。相反的，人不能啟發自己的智慧，不能明辨是非善惡，不能順應自己的天命，面對人生的吉凶禍福，往往就不知進退，所以有人雖生而富貴，然而卻驕奢淫逸，貪得無厭，弄到最後罪惡滿身，反而害人害己；也有人生而貧窮，但卻不能安貧樂道，甚至厭惡貧窮，最後受不了世俗的誘惑，做奸犯科，淪為盜娼，這樣的人生都是很可惜的。

人生的可貴，在於它的唯一，不可塑造，然而人生命運的好壞，絕對是要靠我們運用智慧去創造。

心「鏡」

—— 智慧就像一面明鏡，不擦絕對不亮

因課程的需要，於是就帶學生們參觀學校價值上千萬的電腦計算機中心，裡面放著幾台大型的IBM伺服器電腦，這些機器二十四小時住的是中央空調，溫度溼度都必須保持固定的機房，有嚴格的門禁安全管制，最主要的原因是這些電腦造價昂貴，如果提供了好的環境溫濕度控制，可以維持較長的電腦硬體壽命以及程式的穩定度。不過每次帶學生參觀過後，學生都會感慨的說：「這些電腦真是比人還享受呢，住的這麼豪華！」然而我總會笑著對學生說，話雖然如此，但我相信您們絕對不會想要二十四小時都待在這樣的環境中吧。環境雖好，可是沒有自由，沒有變化，人生如果只是像這樣，那麼活著又有什麼意思呢？

其實我們常常可以看到類似的情況，沒錢的人總是羨慕有錢的人，生活光鮮亮麗，可以吃喝玩樂，輕鬆愜意，不必看老闆的臉色，可是想想自己卻總要馬不停蹄的拼命工作，然而也僅能求得一份溫飽而已，所以總是對很多事情憤憤不平，好像世人都欠了他什麼似的，這也是為什麼愛國獎券、樂透彩、六合彩、刮刮樂，可以如此暢銷的緣故。我想大凡一般人，也都有個一夕致富的夢，希望有朝一日，可以不必辛苦工作，不愁錢花，可以呼風喚雨，成為人人

羨慕的對象。

　　然而人生是很短暫的，很多人往往就在茫然不知的日子中度過，等到年華老去，連自己最珍貴的青春也失去了的時候，才來悔恨這一輩子庸庸碌碌地度過，什麼也沒做到，原來富貴榮華都是一場空，人生如此真的是很可惜的。然而古今中外，能看透這一點的人，真是少之又少吧！畢竟，在現在資訊媒體氾濫，五光十色的都市生活中，我們都受了環境的影響，而漸漸失去追求自由自在的一顆赤子之心，就像一位三歲小孩，如果您從他手上拿走了棒棒糖，他會哇哇大哭，可是如果您拿了一千元鈔票擺在他面前，我想他也不會看一下吧！然而為什麼，年紀漸長，這種情況就改變了呢？我想這完全是我們心的作用，因為現實的生活環境，讓金錢、慾望已填滿我們有知覺的心頭，把我們的心加上了重重枷鎖，然而心一旦受到蒙蔽與侷限，有了塵埃，對人對事，要能夠看得透徹不受影響，就很困難了！

　　所以，佛教講修行，最重要的就是要隨時擦拭自己內心的那塊鏡子，讓自己每天都能進步，所以六祖禪師說：「菩提本無樹，明鏡亦非台，本來無一物，何處惹塵埃。」我們的心，原本就是清淨的，只是環境的影響，讓我們的心「鏡」，沾染了許多名、利、財、色的塵埃，但是如果我們能不斷地修身、修性、養心，增長我們的智慧，那麼我們的心，自然就會回復到原本善良，慈悲喜捨的面貌。

　　然而修行，就要在內心創造一個單純與簡樸的心

境，而對外在環境的變化，物質享受的好壞能隨遇而安，不挑剔也不奢求。所以佛教認為打坐、吃齋、念佛，到深山中的廟堂靜修念經，平時對人樂於布施，都是一種修行，都可以淨化我們的身心。不過，這些只是身體與行動上的修行，我們還要做心靈上的修行，否則心術不正，有外無內，那麼這樣就本末倒置了！心靈上的修行，包括欣賞藝術，尊重生命，敬畏大自然，讀聖賢書，思考人生的意義，增長自己明辨善惡的智慧，拋棄執著的自我觀念，這些都可以幫助我們，淨化我們的心靈。

其實，重要的電腦伺服器要放在豪華的電腦機房，給予適當合適的環境，才能正常運作，人的心「鏡」，也同樣要在一個充滿靈性的環境，才能常常保持明亮，而這靈性的環境，絕對要靠我們自己去創造，去培養，不在乎我們有多少財富，無關乎我們的能力與才智，只要我們有心去修行，能內外兼備，誠於中，形於外，把沾染在身心上的灰塵都給排除了！這樣就有機會修成正果，所以佛陀說：「人人都能成佛！」

天上的星星

—— 人生所遇到的苦，只不過是一種人生的調味料

有位弟子問禪師：「什麼是快樂呢？」

禪師說：「快樂就像天上的星星！」

弟子覺得很納悶：「為什麼快樂會像天上的星星呢？」

禪師笑笑說：「因為你看得到摸不到，它只躲在你的心裡！」

想想看，我們是否也常常會有這樣的感覺？好像快樂總是從我們身邊飛過，抓也抓不住，似乎總覺得人生不如意之事，十之八九，苦多樂少。在佛家的眼光中，認為人生來到世上，是來還前世的債，所以人生本來就是苦的，有生苦、老苦、病苦、死苦、求不得苦、怨憎會苦、愛別離苦和五陰熾盛苦等等。然而佛家也認為「過去因，現在果；現在因，未來果。」所以苦，是一種果報，是因為我們過去曾種了苦因，所以現在才會招來苦果！因此，想要知道為何自己的內心感到非常痛苦，先要問問自己先前種了什麼因？

其實苦與樂是一體兩面，大部分的時候，苦與樂是相伴而來的。例如做學生要讀書，面對考試有很大的壓力，是一種苦；可是考完了試，好好地看一場電影，聽一場音樂會，卻又是快樂無比；與相戀的情人分隔兩地，不能碰面，要忍受相思之苦，然而接到對方的一封情書、一通電話，可能會快樂個老半天，好似天上的神仙；沒有錢的時候，想要買東西，是一種求不得的苦，可是

有一天有錢買到了，就有一種滿足的喜悅。

所以苦與樂，是相對的感受，就像一年的四季一樣，沒有經歷過冬天的冰雪風霜，就無法感受春天的綠意盎然、欣欣向榮；沒有經歷盛夏酷熱的痛苦，就無法體會秋天落葉楓紅的美麗，人生的樂，其實是人生的苦所堆積而來的。就像前面故事中的禪師所說的一樣，快樂它常常躲在我們的心裡面，只是我們常常被很多事物給迷惑住了。如果我們無法啟發出心中快樂的根源，找不到心中那顆快樂的種子時，痛苦自然就出現了。就像一粒種子，如果我們總是把它封在瓶裡，它永遠也不會發芽，只有當我們給它充足的陽光、空氣和水，種子才有發芽的可能。如果我們能夠虛心求教，不斷地向人學習，增長自己的智慧，時時戒持自己的行為，不隨外在環境的左右，虛心向善，助人為善、樂善好施，自然我們可以找出人生永遠的安定與喜樂，遠離煩惱與痛苦。

不過，人生若不了解宗教，沒有善知識的開導，自己可能往往也不知道問題到底出在那裡？就如同沒有一位醫術精湛的醫師指出您的病根，我們往往也無法對症下藥！此時如果我們可以藉助宗教的力量來幫助我們，明辨是非善惡的真相，讓我們虔心向善，放棄我執，大徹大悟了以後，一切道理豁然貫通，

那麼就會覺得人生所遇到的苦，只不過是人生的一種調味料罷了！因為苦與樂都只是心中的種感覺，就像天上的星星，如果我老是想著要去摘它，可能我們總是會苦於摘不到，可是如果我們懂得遵循自然運作的法則，那麼在初夏的夜晚，坐在樹下乘涼，欣賞浩瀚無垠的靜夜星空，也是人生的一種美麗。

或許人生總是充滿了許多困難與挑戰，然而只有積極的人，才能迎向人生的各種挑戰，對於人生的苦，就像吞口苦藥般似的，可是當我們嘴裡沾滿了苦水，只要喝一杯白開水，或許都會覺得特別甘甜。其實，苦與樂，無關乎命運，更不是靠金錢與財富，而是完全掌握在自己手中的，只有迎向問題，面對痛苦，咬緊牙，人生才能衝破困境，苦盡甘來。

伸出雙手，才能擁有

—— 施比受更有福

　　記得電影《臥虎藏龍》中有這樣一幕場景，劇中男女主角坐在一個涼亭之中，背景是一片翠綠的竹林，之中有一句對白是這樣說：「我的師父常說，把手握緊，裡面什麼也沒有，把手放開，您得到的是一切！」這句對話，面對當時這樣的一個清幽的畫面，深深地讓我感動，印象頗為深刻。雖然男女主角為了世俗的禮教規範，壓抑著自己的感情，然而他們也都知道，該捨棄的是自己的男女私情，該為的是江湖的豪情仗義，而整部戲蘊含著豐富的中國哲學與智慧，讓人回味無窮。

　　「施」與「捨」，其實是相同的一件事，當我們把東西給予別人時，對別人是「施」，然而對自己卻是「捨」，以佛教的理念來說，非常強調「布施」的行為，認為當我們擁有過多的物質享受時，就容易興起許多貪念、慾望、執著，對自己反而會造成許多罪業出來。可是如果我們能對別人「布施」，將自己的財物、善念、善行，施予真正需要的人，那麼這種行動才是一種智慧，可以造福於更廣大的眾生。

　　對自己來說，這種「施」，也是一種「捨」，將貪念、慾望、執著等意念捨棄，讓自己遠離罪業的根源。而能放下執著，就能脫離人生的束縛，迎向光明，所以佛家有一句名言：「捨得、捨得，有捨才有得！」老子在《道德經》中也說：「既以為人己愈有，既以與人己愈多。」意思是說，盡已所能地替別

人著想，將自己擁有的，無私的分享給別人，然而這樣，自己反而因為放棄貪念，心胸更開闊，更能接納許多無形的事物，所以事實上，自己反而變得更富有。在西方的宗教，也有相同的理念，認為「施比受有福」。想想我們在平時生活中，是否總是執著於自己的意見？認為自己是對的，所以總是和別人發生許多無謂的爭執，總是不願捨棄自己的面子，放不下自己執著的觀念，最後我們表面上雖贏得了面子，可是我們卻輸了彼此的感情，因為當我們緊握著手時，我們什麼也抓不到，只有張開雙手，我們才有能力去接受更多。

　　不過世上也有一種人，對別人總是惡言惡行，而這種施，反而是造業，所以《雜阿含經》中說：「依照所播下的種子，您便由此收到同樣的果子；作善的人收到善的，作惡的人收到惡的；播出來的是什麼種子，您便嚐到什麼果子。」所以布施的標準在於善心與善念，是為別人、大眾，而不是為了一己私利，如果別有用心的施，例如政治或商場上的賄賂，那麼這種施反而是一種罪業。

　　所以「布施」是沒有目的，它不是消極，而是一種積極的人生，是成就別人，奉獻自己的一種超然智慧，一個善意的微笑、一句體諒的話、一個親切的眼神都是在布施，周遭的人也會因為如此，心情、心念都得到良好的提昇，而人世間也因為有了這種身體力行、樂善好施的智慧，才得以更美好。

惜緣與隨緣

—— 人生的聚散，要惜緣也要隨緣

俗話說：「姻緣天註定！」雖然這是指男女之間的感情緣分，可是進一步想想，人與人之間的緣分，似乎也是天註定的。例如與兄弟姐妹之間的「手足之緣」，與父母子女之間的「骨肉之緣」，與好朋友、死黨之間的「朋友之緣」。有些人，在生命中註定就是要碰到一起，躲也躲不掉，逃也逃不了，然而也有一些人，可能吃了一餐飯，聽一場演講，或是走在街上逛逛，在地球上幾十億的人口中，在同一時間，同一個地方，讓我們碰到了，然而或許這輩子我們會再碰到的機會，可能比中樂透彩還小上幾百倍呢！可是，又是什麼神奇的力量？讓大家在一生當中能認識一些人，講上幾句話，相識、相伴、生活在一起、工作在一起，我想除了用緣分來解釋，恐怕再也沒有什麼更好的方式了！所以「人生的聚散，聚散總是緣！」

有一次，我在一個茶藝館的牆上看到一幅字畫，據說是出自證嚴法師，我覺得把人生的緣分描寫得很好，而且也奉勸世人應該珍惜相聚在一起的緣分，少計較，多結善緣。

您我相識即有緣，面帶笑容結人緣，佈施歡喜種善緣，
您對我錯相惜緣，順我逆我消孽緣，果報好壞皆因緣，
慈悲喜捨修佛緣。

從佛教的眼光來看，人生的緣分是得來不易的！所謂「十年修得同船渡」，即使是簡單的見一面，也有所謂的「一面之緣」，因此佛教勸人要珍惜緣分，廣結善緣。畢竟，有緣才能相識、相聚，要是無緣，恐怕見了面也不相識吧！

　　可惜的是，人生能懂得珍惜緣分的人不多，反而總是與人斤斤計較、吵吵鬧鬧，以至於好的緣分，最後反而成為一個惡緣、孽緣。也因此我們看到很多父母與子女反目成仇，夫妻打架鬧離婚，朋友之間，劫財、恐嚇詐騙的事情層出不窮。其實緣分得來不易，所以我們要好好珍惜，就像一顆種子，播種在土壤裡，也要灑水施肥、細心照料，才有可能破土而出，成長茁壯，最後開花結果。人生若不懂得惜緣，那麼再好的因緣，也可能付諸流水。

　　人生除了要能惜緣之外，也要能隨緣。所謂的隨緣是，對緣分的順其自然，不強求。該走的，就讓它自由的走，輕鬆的走；該散的，就讓它隨風散去！這是一種瀟洒與不執著的人生觀。人生沒有不散的筵席，當緣分盡了，再強求也沒有用，情人之間、朋友之間，都是如此！

　　不過隨緣不是隨便，隨便根本不是隨緣，很多人總是以為，隨緣是什麼都好，隨隨便便，其實這是很錯誤的觀念！隨緣只是對外在環境的不苟求，適情恬淡，「粗茶淡飯，菜根香」，可是隨緣而能夠不隨便才是修養的最高境界，因為隨便是對自我的

放縱，惰性的姑息，所以古人常說「寬以待人，嚴以律己」，其實，一個人必要先能克己律己才能真正的隨緣，因為平日對自己能要求不任性、不放縱、不偷懶，對於外在的環境，必能不祈不求，適情適性、隨遇而安，如此才能真正的隨緣、惜緣。

　　其實惜緣、隨緣是中國人最大的哲學智慧，畢竟「人生如朝露，生死轉眼彈指間」，多少名人英雄，生前風風光光，可是人死後，名利都是空，生前又何須多求？有時問自己？人無所求，那麼活在世上，又為了什麼？我覺得還是佛家對人生的解釋最好，認為人生在世，是來還債的：來還朋友的債、情人的債、兒女的債，所以佛教主張，人不要多求，既然是前世欠的，就不要計較那麼多了！能不計較得失，自然能從心中放下，然而當我們把慾望、把貪念、把仇恨、把過去的痛苦都拋棄了，自然心胸開闊，就像一個杯子，若是裝滿了水，又還能再裝些什麼呢？其實人生要過得輕鬆自在，無憂無慮，一定要懂得惜緣隨緣！

生死一瞬間

—— 生死雖無法掌握，但人生要學習如何面對

　　雖然我不是一位宗教家，更不是研究生死的學者，可是多年來，身邊有些朋友、親人走了，總會讓我感到些許愁惆悵，原因無它，因為生與死，是我們人生必經的旅程，我們幸運的來到這個世上，可是我們卻不知道，我們何時會離開？而且總是站在遠遠的地方看著，無法體會與想像，死亡的過程到底是怎麼一回事？而人死後，一切就煙消雲散了嗎？還是會到所謂的西方極樂世界、天堂，或是轉世投胎？所以面對死亡，有幾個人能夠不懷著恐懼的心情呢？所以德國哲學家叔本華說：「絕大多數人的一生也只是一個為著生存本身的不斷鬥爭，並且明知最後還是要在這鬥爭中失敗，使他們經得起這一艱苦鬥爭的，雖也是貪生，卻更怕死，可是『死』總是站在後台，無可避免的，並且隨時可走到前台來的，生命本身就是滿怖暗礁和漩渦的海洋。」

　　不過面對生死，有位禪師的回答，我覺得也很好，曾經有人問一位禪師說：「人生要如何脫離出生老病死的束縛呢？」禪師回答：「青山原不動，浮雲任去來。」如果一個人，能夠開悟，心境能像青山一樣沉靜不動，那麼人世間的生死名利等等煩惱，就像浮雲一般，對青山又有何影響呢，正如青山永遠在那裡，即使被浮雲遮住了，並不表示，青山消失不在了，一旦浮雲消失，青山自然又出現了。

　　所以生死是本來就存在的一件平常事，如果我們知道「死」是必經之路，

那麼我們就必須更珍惜現在生存的時候，甚至有哲學家更認為：「人生不過是走向死亡的一趟旅途而已！」雖然這有點消極，然而這句話也有其另一層含意，試想，如果我們時常思考，知道我們的生命每天都在減少，那麼面對有限的人生，我們就應該好好把握，正如孔子說的：「未知生，焉知死？」如果連我們生存的意義都不清楚時，那要了解死亡，坦然面對死亡，就更困難了。

知名的生死學大師，伊莉沙白・庫伯勒（Elisabeth K）以著作《論死亡與臨終》（On Death and Dying）引起國際重視而聞名全球。她曾寫過一封信給一位癌症病童，信中提到她對生死的看法：「做完了我們奉命來到人間從事的工作，我們就可以脫離囚禁我們靈魂的身體，像一隻破繭而出的蝴蝶。時機成熟時，我們就會拋棄肉身，擺脫病痛、恐懼和人生的一切煩惱，逍遙自在，宛如一隻飛回上帝身邊的彩蝶。」如果死亡是擺脫人生痛苦，化做一隻羽化的彩蝶，回到上帝的身邊，那麼我覺得死亡，就真的不足畏懼了！

中國人常說「人生無常」，生與死很多時候，也只是一剎那之間的事，有時候，身邊的朋友，前一天還好好的，可是隔天就因為意外而離開人間，讓我們無法相信與接受。有一個電視節目，節目名稱就叫《生死一瞬間》，常常播出許多驚心動魄的畫面，有一次，有一個畫面讓我印象最為深刻：一個飛車逃犯，在公路上為了躲避警察的緝捕，橫衝直撞，當場傷及了不少無辜的路人與車輛，大家都被嚇壞了，最後逃犯來到一個十字路口，連停也不停地往前衝，當場就被一台大型的卡車碾過，整台車被壓得粉碎，畫面慘不忍睹，雖然這個結果，是飛車逃犯咎由自取，然而生命的無價，卻浪費在這種的地方，真的是很可惜！

不過，人的生命是非常脆弱的，有時候天災人禍，也不得不讓我們向命運低頭，記得幾年前，台灣遭逢九二一大地震，一夕間，喪失了幾千條的人命，美國九一一恐怖攻擊，上千人的性命，無辜地遭到迫害，在飛機爆炸與大樓倒塌的那一瞬間，消失得無影無蹤！前一陣子，看到美國出兵攻打伊拉克，美國空軍在伊拉克首都巴格達，投下巨量的炸彈，姑且不論美國與伊拉克之間的恩怨與對錯，我想最可憐的，還是那些孤苦無依的平民百姓，恐怕夜晚，想要一覺好眠，都是一種奢求。

所以，如果我們今天還能平安地享用一份晚餐，有一個溫暖的家，能夠開心的和家人相聚，看一場電影，能擁有一份安定的工作，或什麼都不想地躺在床上，我們都應該存有一份感恩的心，或許我們都是世界上少數幸運的人了！

我個人很欣賞唐代大詩人李白對人生灑脫的態度，就像他在〈悲歌行〉一詩中所說的，人生能夠好好喝一壺酒，也是一種難得幸福啊！

悲來乎，悲來乎！天雖長，地雖久，

金玉滿堂應不守，富貴百年能幾何？

死生一度人皆有，孤猿作蹄墳上月，且須一盡懷中酒。

親愛的朋友，想想看，我們平時的煩惱、不開心，是否都是我們自找的呢？面對人生的無常，我們是否也往往太過執著而放不下？人生如果能像詩人李白如此灑脫，看得如此透徹，那麼面對生死，世事的紛亂，相信就可以比較坦然了。

Part❽〔學習篇〕

唯有不斷學習，
才能迎向人生各種挑戰

一個人的成功不在於所學的多少，

最重要的是能將所學的用了多少，

成功的人，終身學習，

也終身在尋求學以致用之道。

大樓的高度

—— 思考與創意是學校教育的終極目標

在美國的某所大學，有一個物理老師在考試時出了一個題目，試卷上的題目是這樣的：「試說明如何利用氣壓計測出一棟大樓的高度？」大部分的學生，都用物理課本的解答，「將氣壓計拿到大樓頂端，身體貼近屋頂邊緣，拋下氣壓計，用碼錶計算落地的時間。然後利用公式 $S = 1/2\ at^2$，即可算出大樓的高度。」所以都獲得了一百分。

可是有一位的學生的答案是：「將此氣壓計攜至大樓頂端，繫上一長繩，然後將氣壓計垂放至地面上，再將其收回。測量所用繩子之長度，則此長度即為大樓之高度。」

物理老師看完之後很生氣，便在考卷上給了一個大鴨蛋，可是這位學生很不服氣，一狀就告到校長那裡去了！校長就問學生說：「為什麼你的答案是如此簡單，可是卻不是物理課本所提供的解答呢？」這位學生說：「這個題目的答案有太多了，我只是選擇了一個比較簡單的方法罷了！舉例來說，您可以在大晴天將氣壓計拿到室外，量出氣壓計及其影子的長度，再量出建築物影子的長度，利用簡單的比例關係，就可計算出建築物的高度，或是就是直接帶著氣壓計去敲管理員的門。當管理員出來應門時，對管理員先生說，我這兒有個很棒的氣壓計，如果您願意告訴我這棟大樓的高度，我就把它送給您。」

校長覺得這位學生並沒有錯，因此就告訴這位物理老師，應該也給這位學

生一百分。

　　不少教育學者，常常認為中國人的教育，是填鴨式的教育，往往只告訴學生一個制式的問題與解答，可是卻很少有老師可以教導學生如何自己發現問題，然後思考問題的癥結所在，並且自己找到解答，前面這個故事，我想對台灣的老師與學生都有很好的啟示！

　　最近教改的議題也時常在媒體報導，有不少學生家長反應，學生的教材沒有統一的版本，導致學生沒有一個標準的教科書與解答。然而我們應該深思，台灣過去就是因為長期僵化刻板與標準化的教學方式，而不知扼殺了多少學生的想像力與創造力，造成學生只知一個標準答案，可是卻不曾思考是否有更多不同的解答，或是那一個答案才是自己所需要甚至適合自己的。

　　因此台灣當局從事教育工作者，應該深思如何在漫長的學校教育過程中，培養學生的思考與創造能力？而思考與創造能力，絕不是在一個封閉、單一與制式的教條主義的環境中所能夠培養的！唯有在多元化與開放自由的風潮下，學生才能充分地自我發展，養成敏銳的觀察與分析能力，習慣於用不同的角度思考問題，發現問題，甚至解決問題。如果教學者更能提供合適的引導、問題刺激與啟發，學生才會有創新與改造的力量。

　　台灣教育雖然普及，可是若要論學術自由與教育方法，與先進歐美國家比較，我想這仍是美中不足的地方吧！

鋼琴大師的學生

—— 良師難求，但良師卻可讓學生「精雕細琢」

　　有一位音樂系的學生總是抱怨老師給的琴譜太難了，已經練了三個月還在練同樣的東西，讓這位學生感覺自己對彈奏鋼琴的信心似乎跌到了谷底。心想老師為什麼要以這種方式整人？後來，老師走進教室，學生再也忍不住，向老師提出這三個月來，何以不斷折磨自己的質疑。老師沒開口，只抽出了一年前他所學習的第一份樂譜，交給學生。

　　「彈奏吧！」他以堅定的眼神望著學生。

　　不可思議的結果發生了！

　　連學生自己都訝異萬分，他居然可以將這首曲子彈奏得如此美妙精湛！

　　老師終於說話了：「如果，我任由你自己表現自己喜歡的部分，可能你還在練習最早的那份樂譜，而且，不可能有現在這樣的程度啊！

　　我的一個朋友在學校裡當音樂老師，和我聊到他在學校的教學情況，他說以前上課，總是以為，認真教書，對學生嚴格要求就是好老師，可是時間久了，他覺得學生似乎都與他有段距離，而更令他頭痛的是，每次上課，學生總是鬧哄哄的，沒有人願意聽他講課，讓他自己感覺不被尊重，總是得吊著嗓子，大聲訓斥「不准講話！」學生才會有所克制。直到有一天，看到另一位執教已超過三十年的音樂老師，才有所醒悟。

　　有一次他經過這位老師的音樂教室，發現她帶的班級也是鬧哄哄的，可是不同的是，學生卻很活潑，大家爭先恐後的回答問題，然後自由地發言與討論。後來我朋友去請教這位老師，為什麼可以忍受學生如此沒有秩序呢？得到的答覆是：「音樂課原本就要很快樂，課堂上熱鬧一點是應該的；再者，我覺得學生很可憐，在台灣學生總是被要求安靜守規矩，可是往往卻很少給學生發揮與表現的機會，造成學生沒有正常的管道，只好在校外發展了。」因此當老師的確不容易，不但要懂得尊重學生的想法，更要能夠像孔子一樣因材施教。

　　不過因材施教所最難之處，在於如何掌握學生的個性、心理與想法，然後將學生循循善誘，讓學生發揮原本的潛能。就像前面的故事一樣，音樂大師給予學生一個明確的努力目標，不斷地指引學生、砥礪學生的學習情況，讓學生不斷地挑戰自己的能力，向上提升，否則，任由學生的惰性使然，學生要有好的成績，也是很困難的。

　　所以德國的思想家歌德，就曾經舉過一個老師與學生關係的例子，他說：「鐵匠舖裡燒得很旺的爐火熔掉了鐵條上的雜質，鐵質就變軟了！等到它純化了，就對它敲打和加壓，然後又用清水淬火使它再度硬化。一個人，在他老師手裡的經歷，也是同樣的過程。」或許我們不是學校裡的老師，但是我們絕對都有當老師的機會，為人父母師，為朋友之師，為人妻人夫之師，但是我們千萬不能以自我的標準和立場來要求對方，相反地我們一定要順應對方的性情，給予適當的鼓勵與讚美，將消極與不好的想法等雜念給去除了，最後才能將對方善良與天生的潛能激發出來。良師難求，但是一個老師若是沒有用對方法，要成就一個才華洋溢的學生，恐怕更難吧！

葫蘆的妙用

—— 天生我才必有用，人生價值要靠自己去創造

　　有一天，莊子的朋友惠施告訴他：「魏王給了我一些大葫蘆的種子，我把它們拿去種，長出來的葫蘆果實雖然很大，可以容納五升的水，但是裝滿水後拿起來就破了。如果把葫蘆剖成兩半當勺子，可是因為它太寬，深度又淺，所以也無法使用。我一氣之下就把它打破了。」莊子聽了！惋惜地說：「哎呀！多可惜，既然不能用來裝水，那您為何不編一個網把葫蘆網住，然後繫在腰間，這樣不就可以在水上漂浮、悠哉悠哉，多逍遙自在啊！若懂得使用它，它就是很好的東西，可惜您不會用，竟然把它給毀壞了！」

　　戰國時代的自然哲學家莊子，曾經講了許多類似以上有趣的寓言故事，指出人生往往用自己的標準執著於有用與無用的誤謬。其實「天生我才必有用」，人來到世間，都有各自的使命，唯有盡量發揮自己的優點，為人群服務，才能展現生命的妙用。可惜的是，人生往往會用世俗的標準來判定一個人的價值，使得有多少人深陷這種迷惑而不自知，虛擲青春與光陰而虛度一生。有一個故事是這樣的：「有一隻狐狸想溜進一座葡萄園中大吃一頓，但是柵欄的空隙太小，牠過不去，在狠狠的節食了三天之後，牠總算可以側著身體潛進葡萄園去大吃一頓。可是狐狸沒想到，當牠痛痛快快的吃飽之後，卻因肚子撐得太大，卻又鑽不出來，只好又在裡面餓了三天，才能再鑽出來，結果白忙一

場。」

想想我們人生是否也都會犯類似這樣的錯誤呢？我們是否往往太過主觀與自我？總是認為自己的想法是最正確的，有時甚至更無知地以自己的眼光與標準來判斷別人的價值？另外有一次莊子又碰到惠子，於是又講了一個有關大樹的故事：

有一天，莊子和惠子聊天說：「我家門口有一種樗樹，長得雖然高大，枝繁葉茂，可是它的身上有很多樹瘤，主幹扭曲盤結，完全無法用尺來丈量，所以沒有木匠會拿這種樹來使用，但是對樗樹來說，它對木匠的無用，卻是對自己最大的用處，可以免遭砍伐；不僅如此，這棵大樹，如果在太陽大的時候，還可以給人在樹下逍遙自在地納陰乘涼呢！」

所以有用與無用是相對的，只是我們往往無法看出一般事物真正的價值所在，或是喜歡偏執於自己的觀點來判斷，因此對人對事就會產生很多偏差，而偏差的想法與觀念，自然會在生活中為自己或別人帶來許多困擾，到最後往往弄得價值觀錯亂，虛度一生。

其實人各有優缺點，世界上也不可能有真正完美的人，可是有太多的人，往往不認識自己，更不知自己的長處，總是覺得別人比自己好，我想這樣也是本末倒置的。所謂「欲知人，先知己」，我們要了解自己的優點在那裡，盡量發揮自己的價值來為人群服務，這樣的人生才會充實。否則天天活在別人的眼光下，追求外表的美麗、虛而不實的名望、貪求無厭的財富，可是總有一天我們會發現，原來自己所追求的都是一場空，沒有任何的意義與價值，或許這才是真正無用的人生吧！

一百個人的村莊

—— 教育是國家社會的百年大計

最近看到一個報導，美國史坦福大學醫學研究所 Phillip Marter 先生，發表了一篇文章，讓人更看清楚世界現實的面貌，這篇報告把世界人類，按照現在各種比例情況，壓縮成一個一百個人的村莊，我們會看到下列的結果：

五十七個亞洲人、二十一個歐洲人、四個西半球人、八個非洲人。

五十二個女人、四十八個男人。

七十個有膚色的人、三十個白人。

七十個人非基督徒、三十個人基督徒。

有六個人擁有全世界百分之五十九的財富，而這六個人都在美國。

七十個人不識字，五十個人營養不良。

一個人瀕臨死亡，另一個人即將生產。

一個人受過大學教育，一個人有電腦。

從這個壓縮後的數字來看，不知您看出了什麼？顯然世界上的人仍然普遍存在教育不足、財富不均與營養不良等情況。然而，可以改變財富不均與營養不良的狀況，唯有靠教育來提升人的素質，發揮人性中善良、敦厚、仁愛與同情心，使個人能更成熟，珍惜自由的真諦，放棄自我的偏執，懂得分享自己所擁有的。

　　試想如果在美國的那六位富人，願意多分享一點他們財富中的百分之五，那麼這世界絕對會少了許多貧窮與饑餓。不過教育是百年大計，要提升人的素質的確不容易，尤其在現今科技、名利掛帥的時代下，教育的確是一條漫長而艱辛的道路，然而這條路如果沒有堅持走下去，可能將來世界的狀況會更糟！

　　但是我們要如何走，才能走得更順利與更平坦呢？我覺得應該從個人、家庭與社會三個層面來做，並同時提倡終身教育與終身學習的目標。西臘哲學家蘇格拉底（Socrates）就表示：「教育真正的本質在使人們經由一生的時間，達成真實的生活目的。」柏拉圖（Plato）也說「：教育是由出生到臨終的一個歷程，個人唯有終身不斷的學習，才有可能成為健全的公民。」因此終身教育與終身學習對我們個人來說，應該是我們人生不可放棄的目標。

　　對家庭來說，為人父母者，應該多提供好的學習的環境，身體力行地為子女提供一個優良的典範，多鼓勵，多用善意的語言表達自己的關愛與期望；對社會來說，政府應該多花一些預算，塑造一個完善與自由的學術環境，提供豐富的學習資源，能夠從個人、家庭，政府這三方面，一同努力，才能提升全民的人文素養與教育水平。而法國的作家巴爾扎克也說：「教育是民族最偉大的生活原則，是一切社會裡把惡的數量減少，把善的數量增加的唯一手段。」我想他為教育的目的與功能下了最好的註腳。

　　此外，在台灣有一個知名的宗教團體，我常常看他們播報的新聞節目與活動，每個人都發揮了自己微薄的力量，然而聚集在一起，卻可以建學校，蓋醫院，成就許多偉大與感人的事蹟。因此，教育是人生成長的動力，而宗教則是超越現實的推手，唯有如此，人類才有希望與未來。

諸葛亮的神算

—— 知識是人生最大寶藏，但更要懂得如何運用

　　知識就是力量，尤其在現今資訊科技發達的資本主義時代，知識更被認為是國家經濟以及個人的財富所在，因此有所謂的知識經濟學說。然而知識對人生的影響，往往不僅僅止於財富而已，它更可以改變人生的命運，為人生創造機會，甚至化腐朽為神奇，讓人生在面臨困頓與艱難的時候，逢凶化吉，扭轉乾坤。

　　《三國演義》裡的諸葛孔明，便是一位德才兼備的智者，他利用知識的力量，往往使得以劉備為首的蜀軍以寡擊眾、以近制遠。像有名的草船借劍的故事，要是孔明不了解天象氣候，不了解曹操鬼疑猜忌的個性，又豈能料準江東曹操定會巧遇大霧，聽到孔明蜀軍的齊鼓大作，一時亂了方寸，於是下令萬箭齊發，熟料孔明早已在船上佈滿了稻草人，順勢借走了數十萬支箭，使得周瑜氣得啞口無言！這也許就是知識的力量，讓諸葛亮可以周旋於吳魏兩國之間，應付自如。所以知識絕對是人生最佳的寶藏。

　　不過在現代社會，資訊媒體爆炸的時代，各種類型的資訊充斥於我們的日常生活當中，然而在這些資訊當中，的確有不少寶貴的知識，可是也往往充斥著許多不正確或是未經證實的資訊，而這些資訊不僅不能稱為知識，我們更要避免它。畢竟，不正確的知識，不僅不能幫助我們，更因而有可能會害了我們，像最近流行談論的複製生物技術，就有許多不肖的廠商，想利用這種技術

來複製人，雖然這對人類的科技領域是一大進步與挑戰，然而複製生物的知識與技術是否真的對人類有用仍是未知的？會不會將來只成為少數人謀取私利的工具？而更令人擔心的是，它可能會造成人類嚴重的價值觀錯亂，試想，您養一條可愛的狗，有一天您發現他可以用科學的方式去複製，那麼您還會那麼珍惜您的狗嗎？即使您仍然尊重生命，然而生命一旦可以複製，它很可能就會淪為商品一樣，用壞了丟、丟了再買，毫不珍惜！

　　所以任何知識，就像一把刀的兩面，我們必須有效的運用知識與管理知識，知識才能真正地發揮出力量，否則過多的知識，反而會為人生帶來許多包袱與壓力，想想現今社會競爭之激烈，人人都被要求得要有高學歷擁有豐富的知識與技能，從小我們就被升學的壓力，壓得無法喘息，然而現在想想，我們所讀過的教科書，又有多少知識，真正地為我們所運用？

　　其實擁有知識，並不代表就擁有能力、擁有智慧，更不用說要利用知識去創造力量了！相反地，知識絕對是人生的寶礦，而知識也是累積智慧最基本的元素，有了知識，也需要常常去思考、去運用，那麼知識才能成為真正的智慧，發揮它的價值、達到最大的效用。否則，光有一身知識與學問，僅能獨善其身，卻不能兼善天下，那麼這樣也是很可惜的！

秀才的怪夢

—— 人生沒有智慧，往往危機四伏

　　有一個窮秀才十年寒窗苦讀，後來終於要進京趕考了！可是在考前的一天晚上，這位秀才做了一個奇怪的夢，夢中有三幅畫。第一幅畫是一棵樹長在牆上。第二幅畫是一個人穿著簑衣拿著傘。第三幅畫是他和隔壁的阿花兩人脫光衣服，背對背躺在床上。

　　這位秀才相當納悶，於是就去請廟口的相士解夢，而這位相士就告訴秀才，您可以不用去進京趕考了，去了也是白跑一趟。第一幅畫，樹不長在地上卻長在牆上，所以這棵樹必死了。第二幅畫，一個人穿著簑衣拿著傘，此行您去不是多此一舉嗎？第三幅畫，您和隔壁的阿花兩人脫光衣服，背對背躺在床上，表示不得其門而入。所以您這次進京趕考凶多吉少，考也是白考，不會有什麼好結果！

　　秀才聽完相士的說法很鬱卒的回去，路上剛好遇到一位高僧正在化緣，高僧看這位秀才愁眉苦臉便問秀才怎麼一回事，秀才先是猶豫了一下，但還是把剛剛相士告訴它的話講給高僧聽。高僧聽完卻哈哈大笑，並且告訴秀才趕快去考試，有考必中，而且成就非同小可。

　　秀才卻很納悶地問，為什麼？

　　高僧說：「第一幅畫，樹長在牆上，表示此行您去，必定高種（中）。第二幅畫，一個人穿著簑衣拿著傘，表示冠上加蓋，暗示您往後會飛黃騰達。」

秀才又問：「那第三幅畫代表什麼？」

高僧說：「衣服脫光了！背對著背，表示該是您翻身的時候到了。」

　　從這個故事我們可以知道，一個智慧的想法對人的影響是有多大了！有智慧的想法，可以幫人度過難關，面對問題與阻撓的時候，也能從容應對，逢凶化吉。相反地，沒有智慧的人，遇到困難，往往是縮頭縮尾，躊躇不前，最後總是功敗垂成，一事無成。智慧是人生最重要的寶石，人生若沒有智慧，往往是危機四伏的，人生處處充滿了危險與陷阱，但也充滿了許多驚奇與寶藏，沒有智慧的人，就像在荒野中奔馳的野馬，沒有一個方向與目標，最後力竭身亡，更不用說要如何探尋生命中的寶藏了！

　　您或許會問，人生要怎樣才能有智慧呢？我覺得人生如果能像老子一樣，就可以稱得上有智慧了！老子就認為人要常常思考人生的大「道」，不要太在意別人對自己的看法，安然自在、謙卑、虛懷若谷，以柔制剛，以靜制動，我想人生能達到這樣一個大徹大悟的境界，必然要有一種超然的大智慧，因為了解這一層道理並不困難，但是要克服自己，真正地去身體力行，那就得需要很大的毅力了。

　　不過常常有一種人，喜歡自作聰明，因而聰明反被聰明誤，喜歡走旁門左道，自私自利，而最後也害人害己，落得一個不好下場，這種人不僅無知，而且是可憐的，可憐的是，生命對他來說輕如鴻毛，毫無份量與意義。其實人生無價，然而在無價的人生中，您可曾想過要如何去創造有價值的人生呢？這或許就是我們人生中所需要不斷思考與學習的課題吧！

魯賓斯坦的「彈」指神功

—— 活到老學到老，人生要用心思考，才能超越巔峰

　　在當兵時曾買過一台筆記型電腦，那時候電腦只有2MB 的記憶體與50 MB 的硬碟，可是這幾年來，幾乎每天電腦都不斷在變化，到現在自己所使用的電腦，記憶體已經增加到 512MB，而硬碟更擴充到 40GBM，幾年的光景，增加了好幾百倍。不過在價格方面，那時買的到比現在還貴出許多。這種現象，常常讓我感覺科技的日新月異，真是到了令人瞠目結舌的地步！可是我也常在想，電腦容量增加了，功能增大了，速度變得更快，可是為什麼我們平時的工作還是那麼多？總有許多處理不完的事情呢？往好處想，我想這或許是一種進步。

　　以前一台汽車，或許需要五十名工人，三個月的時間才能製造完成，現在由於機器與設備的進步，效率的提升，或許五名工人，一個月內就可以完成了！其他像各種家電產品、電腦，也都是如此。東西製造的速度也越來越快，然而在科技時代所產生的這種「速食文化」，似乎東西只求新、求快，卻不求用得久。用了就丟的概念，似乎成了現代人的宿命！記得去年才買了一台DVD放映機，可是沒想到才用了一年多，就壞掉了。拿去修理，電器行老闆卻

說，修理費很貴，還不如去買一台新的，讓我覺得，科技時代，不僅變化快，連東西使用的壽命也變得快速淘汰了。

不過談到電腦的記憶體，我想人腦要是能夠像電腦這樣，不斷增加記憶體就好了！可是往往我們記憶能力有限，所以學了很多東西，只要一陣子不用，就會忘得一乾二淨。然而奇妙的是，為什麼人生又有很多時候，很多事情卻又讓我們終身都難忘，甩也甩不掉。相反地，叫電腦計算、儲存、複製，這倒是輕而易舉的事，可是如果要電腦自然地忘記事情，我想恐怕比登天還難吧！

然而還好人類懂得學習，藉由不斷地磨練，我們可以超越許多人類的極限，達到一種登峰造極的境界。已故知名的鋼琴演奏家－－魯賓斯坦，就可以說是一個最佳的例子，他一生開過無數的音樂會，根據記錄，他在九十歲高齡的演奏會中，仍然可以連續演奏十場以上音樂會的曲子，而且所有的曲目都是不重複的。然而我們都知道，在音樂會上演奏，除了要有完美的表現之外，大部分的曲子都是需要背譜的，一場演奏會下來，恐怕得花上數個月，甚至數年的時間去準備與練習。其實自己有時閒來無事，也會彈幾首鋼琴曲，可是每次要把一首樂譜完全背下來，都得花上很多時間，有時日子一久，卻又忘記了！像魯賓斯坦如此驚人的功力，我想古今中外，真是無人能出其右。不過魯賓斯坦的成就，絕對不是憑藉著天賦，而是經年累月不斷的努力與學習的結果。其實，魯賓斯坦年輕時，剛到美國的演奏，並不是很成功，可是魯賓斯坦並不灰

心，並且立下志願，要成為一位最出色的演奏家，有三年的時間，他搬到偏遠的鄉下，躲在一個馬廄裡，即使到了晚上，仍點著燭光，不停的苦練，最後才獲得世人的肯定。

　　其實人類的潛能是無限的，人類之所以有現今的文明與繁榮，最主要的是我們能不斷地學習與思考，發揮想像力，然後才能創造出奇蹟。雖然人生是那麼的短暫有限，可是古今中外能名垂青史的人，也都是因為個人終身不斷的努力與奮鬥，勤奮的學習，超越了人生的有限，最後才開創了無限的人生。然而人生如果像一部電腦一樣，只能儲存與記憶，不懂得思考，那麼很多時候，學習與記憶，就會像操作電腦一樣死板與無趣，而最後所得到的往往也只是一堆無聊的死東西吧！

電腦與字典
—— 學習方法，有時更勝於學習技巧

上電腦商用軟體應用課程的時候，有位學生因為對電腦的操作不熟悉，所以總是很懊惱無法將作業如期完成，他覺得電腦很難懂，常常會卡在一個步驟，不知如何解決，可是卻又沒有人可以幫助他，於是想把這堂課給退掉，不再修電腦的課程了！然而我覺得自己身為老師，應該也有責任，於是約了學生到辦公室聊聊，想進一步了解學生對電腦真正的問題所在。

學生說他平時喜歡看一些推理小說、喜歡唱歌，對電腦除了上上網、收收 e-mail 之外，從來沒有太大的興趣，可是又覺得現在找工作不容易，如果不懂電腦，將來怕找不到工作，所以就選了我的電腦課，可是上了幾次，覺得自己有很多地方都聽不懂，所以很氣餒。

我告訴學生：「如果學電腦只是為了找工作，當然你會碰到很大的問題，因為你還有兩、三年才畢業，將來的工作是什麼都還不確定，所以現在學的東西與將來工作所需要的，可能會相差很遠，所以你現在當然無法對電腦產生興趣，也會遇到很多問題。畢竟，學習任何技能，若不能實際去運用，就會變成一種不切實際的理論。」

學生問我：「我怎麼知道將來的工作要不要用電腦呢？」

我笑笑說：「當然以現在科技社會與知識經濟時代，大部分的工作都需要電腦，只是需求的程度不同，有些工作需要使用大量的電腦，可是也有些工

作，只要用條碼掃瞄器就可以了！所以你必先想想你將來真的需要電腦嗎？你將來想做什麼樣類型的工作，而電腦又可以幫助你做那些事情？而這些問題可能要先想想，否則學了一大堆電腦程式與指令，可是完全用不到，那麼這樣也只是在浪費生命而已！」

後來我又告訴學生，學電腦其實沒有什麼難的，就像一本字典一樣，它只是一個工具而已，你需要的時候，只要用對方法，就可以找到答案。電腦本身不會像人類有傲慢或是偏見的劣根性，只要你輸入正確的指令，電腦就會毫不保留的替你工作，但是先決條件，是你必須輸入正確的指令。就像查字典，最基本的，你必須先弄懂怎樣算筆畫、看部首，是一樣的道理。其實真正難學的，反而是拜師學藝，要懂得尊師重道，可是如果師父留一手，不能傾囊相授，要想學到真工夫，根本是不可能的。

其實有不少人，也許都有類似這位學生的電腦學習經驗，總是弄不清楚學習電腦的目的與方法，常常因為流行或是時髦，於是花了大筆金錢，添購設備與軟體，可是卻往往連最基本的電腦特性都搞不清楚，因此白白地浪費了很多時間。

不過有時學生會問我，要如何才能把電腦學好呢？

我總會告訴他們，學電腦和學音樂，練習樂器是不一樣的，沒有所謂的學得好不好的問題，充其量只能說是懂不懂罷了！其實，電腦沒有思考與創造能力，是一個指令一個動作的機器，就像您從未聽說過有人是查字典高手，但是我們絕對會對一個演奏技巧精湛的音樂家欽佩不已。

其實人類現今二十一世紀的科技時代，生活上很多事情，都運用了電腦的幫助，節省了許多時間，簡化了許多過程，然而科技時代，電腦仍然不會替我們人類思考，更不會替我們解決人的問題，就像手中握有字典，可是不懂文學的人，要能寫出感人肺腑的文章也是不可能的。學習電腦不在乎那詳細的電腦操作技巧，最重要的是要懂得方法，多運用想像力，學習利用工具，幫助我們改善生活，化繁為簡，否則電腦的變化日新月異，不僅不能為我們帶來便利，反而會增加許多無謂的問題與困擾吧！

8086與 Pentium 電腦
—— 人生唯有不斷學習，才能創造出生命的價值

　　記得念專科的時候，弟弟買了一台8086的電腦，那時候的電腦，小小的綠色螢幕，厚重的機殼與外型，當時我也覺得這種東西要拿來做什麼呢？後來弟弟學了Basic 程式語言，可以在電腦上畫出許多幾何圖型，也可以製作一些簡單的遊戲，讓我驚訝不已！可是不到三年，這台家中的第一部電腦就被弟弟扔在倉庫中了！換來的是一台 PC286的電腦，這台電腦又可做更多的功能了！還可以顯示中文字型，於是湊巧班上要印通訊錄，便硬著頭皮，學會了中文輸入。記得當時因為沒有硬碟，所以資料都儲存在5.25 吋的軟式磁片上，不僅電腦速度很慢，而且還動不動要插入開機磁片，非常不方便。現在回想起來，那時真是電腦的原始時代，與我們現在所使用的「奔騰Pentium」電腦以及Windows系列的軟體，真是有如天壤之別！

　　不過這幾年，科技產業的不斷變化與演進，電腦設備幾乎一、兩年就得升級一次，家中也因此堆放了許多淘汰的電腦設備，有舊的電腦螢幕、機殼、壞掉的硬碟，其他如印表機、光碟機、電纜線、變壓器等等也是多不勝數。這些東西雖然一直沒有扔掉，但卻也沒有再使用過了！雖然當初也花了不少錢買的，可是現在竟然一文不值，相較於在鋼琴上的蕭邦琴譜來看，已經從高中彈到現在，雖然紙張已經有些泛黃，但是每彈一次譜中的曲目，卻都有不一樣的感覺！

　　這些年來我也常逛書店，每回走到電腦書籍區域時，我都會驚訝有許多新的資訊出現，然而走到文學區域，您卻會發現莎士比亞全集、唐詩、宋詞、吳承恩的西遊記、曹雪芹的紅樓夢，卻依然擺在架上，同樣地逛逛CD唱片行，在流行歌壇上，能歷久彌新的歌手與唱片也是屈指可數的！不像貝多芬的交響曲、柴可夫斯基的小提琴協奏曲、舒曼、德布西、蕭邦的音樂也一直都未曾消失過。這不禁讓我覺得快速的變化與淘汰或許是科技產業的宿命吧！才幾年的光景，人類從真空管進步到電晶體，然後又從電晶體進步到半導體，而現在半導體從六吋、八吋到十二吋，也快速地演變著，然而這些變化過程中，我常在思考，人類經歷了這些，到底改變了什麼？得到了什麼？而又留下了些什麼？

　　還好這些只是環境與產業的變化，如果人生也是如此快速地變化與淘汰，那也是一件不幸的事。試想，如果人生只有十年的壽命，今年出生，過個一、兩年便步入中年與老年，那麼我們人類所能做的事就太少了！更不會有現今的文明與進步。有時候看看兩歲的兒子，常常在想，他幸福嗎？生在千禧年後，他一歲的時候，就知道在電腦上可以看到動畫影像，拿起電話可以聽到外婆與奶奶的聲音，有一天，家中忽然停電，無法打開電視與電腦，兒子便大哭起來，頓時我和太太都不知如何告訴他，電視與電腦都需要「電」才能打開，如

果兒子是生在我們六〇、七〇年代，肯定他的世界與現在是大不相同的。然而可惜的是，我可想像將來他的童年，大部分的時間必須在都市中長大，在高樓林立的公寓中度過，雖然身為父親的我，也渴望多給孩子一些接觸自然的機會，希望他也能在田野間抓抓青蛙、烤烤地瓜、玩玩躲迷藏，然而隨著環境的複雜與惡質變化，我也知道這將是一件越來越難做到的事。

　　人生七十古來稀，在這不短卻又不長的歲月中，如何創造有價值的人生？或許是我們每一個人都應該思考的問題？否則科技的日新月異，加速了社會與文化的快速變遷，如果我們總是隨波逐流，庸庸碌碌的追求那虛而不實的名利、財富、變化多端的科技，人生就很可能像電腦一樣地被淘汰，人生之所以無價，實在是因為每個人都是獨一無二的，在這個世界上，就連雙胞胎，都有著不同的個性與想法，可是當我們不能珍視自己存在的獨特性，不知道自己所擁有的價值，一味地追求與模仿，那麼您會看到東京與台北西門叮的青少年穿

著相同品牌的T恤，喝著可口可樂，吃著賣當勞的漢堡，手中拿著Nokia 的行動電話，而他們之間的差異已所剩無幾了！如果最後連各自的想法與行為模式都不盡相同的話，那麼將是一件可悲的事！

現今人類的文明與成就，就在於能夠獨立與創新，所以每個民族都有其獨特的民族文化，然而人類透過科技的發明，巧妙地讓世界不同的文化，彼此充分的融合，產生交流，互通有無，藉由溝通與協調，讓更多的人受惠於科技文明的進步。今天沒有一個人會認為到世界各地去旅行，接觸不同的世界與文化是一件困難的事情，藉著網路、視訊器材，我們在彈指間，已經繞了地球好幾圈了！可是曾幾何時，哥倫布卻冒著極大的人生風險，才能發現美洲新大陸。

未來我相信科技對人類的改變，絕對會令人瞠目結舌。然而在驚訝於變化之餘，我們千萬要仔細思考，人生不變的價值與義意何在？否則電腦不僅淘汰了自己，也會淘汰了人類。今天一個大學生，如果只懂得打字，卻對文書處理、製作簡報毫無所知，我想也很難找到什麼像樣的工作。同樣地一個電子科系的學生，不懂得半導體製程，不懂得VLSI（Very Large Scale IC）電路設計的原理，也很難在IC設計產業中生存。雖然人生不必然要學習電腦，了解半導體，可是人類是如此的渺小，如果我們不能清楚地看清未來的世界會怎麼樣變化，不知道自己人生真正的價值在那裡，那我們又怎麼去適應這個世界呢？我想，不斷地學習新事物，發現自我的價值，那才是我們人生必須不斷面對的課題吧！

人生要向前也要向後看
—— 看過去學得經驗，看未來創造機會

　　生活在二十一世紀的人，面對快速變遷的環境，往往在生活上會不知所措，在面臨許多困難與挑戰的時候，如果走錯一步，很可能再回頭時，已百年身了！但是如果我們在平常生活中懂得瞻前顧後，在面臨人生考驗與挑戰時，自然可以鑑往知來，比較能夠看得清楚方向，走得更穩健與自在。

　　人生向後看，我們要看出自己過去所犯過的錯誤、說錯的話、想錯的觀念與執著的偏見；人生向後看，我們要借鏡歷史，讓歷史的悲劇不會再重演；人生向後看，我們要珍惜過去朋友、親人所給予溫暖的鼓勵與幫助，記得他們是如何讓我們安然度過難關的。

　　然而人生如果不懂得向後看，那麼必然是狂妄自大與目中無人，在面對人生的險境時，往往不知天高地厚、亂闖亂撞，等到大錯鑄成，就為時已晚了！

　　當然人生也不可以過分地緬懷過去，沉醉於自己的光榮歷史，畢竟，過去只能成為追憶，我們仍必須不斷地面對未來，所以人生也要不斷地向前看。

　　人生向前看，要看到人生的未來，可能面對的問題，如果知道問題遲早會發生，那麼我們就可以多一分時間準備，少一分災難；人生向前看，要規劃出人生的目標與志向，才能在有限的人生內過得充實，有所成就，而不會虛度一生；人生向前看，要知道世界局勢與外在環境的變化，才可以順應時代的潮流，而不會被時代變遷的洪流巨浪所吞噬與淹沒。

　　人生如果不向前看，就會容易變得盲目無知，活在自己的象牙塔裡，今朝有酒今朝醉，或是得過且過，然而人生變化多端，如果我們沒有隨時做好面對未來的準備，那麼萬一有一天環境改變，我們往往連應變的能力都沒有。

　　有人會說人生短暫，何必那麼辛苦瞻前又顧後、步步為營？每天快快樂樂地過，何必煩惱那麼多事情呢？其實，人生必須「向前看」，也要「向後看」，看過去可以學得更多的經驗，看未來可以創造更多的機會，也只有當我們「看得準、看得多」，學得了有智慧的人生處世哲學，我們才能「看得透」。人生看得透，有了智慧，懂得待人處事的方法之後，人生才能真正的「輕輕鬆鬆，快快樂樂」。否則「人無遠慮，必有近憂」，或是太過貪求眼前短暫的安逸，迷迷糊糊地得過且過，那麼反而容易迷心喪志，甚至惹禍上身，一失足成千古恨！

　　所以人生路上，我們不能不僅慎小心，如履薄冰！雖然人生總是脫離不了命運的束縛，可是當我們擁有福報時，要能知福惜福，若是不幸遭遇挫折與困難，也要有臨危不亂，處變不驚的智慧，最後才能逢凶化吉，轉危為安。

　　人生就像航行在海上的一條船，難免會遇到突如其來的「驚濤駭浪」，然而，只有當我們能真正懂得「向前看」，看出方向；「向後看」，看出我們的信心與力量。如此，人生才能真正的「乘風破浪」！

漁夫的鍋子

—— 懂得自己真正的需要，是人生最大的課題

　　人的短暫一生，可以說是一個學習的過程，從出生、學習走路，然後牙牙學語，到了長大進學校唸書，學習各種知識，祈求將來能夠在社會自力更生；當了父母，也要學習如何教養子女，使他們都能明禮知義。我們的一生都花了很多的時間學習各種知識；學習各種應變以及解決問題的方法。所以人的一生都脫離不了學習，然而，有人說人生如戲，就是因為人生的變幻莫測，總是如戲劇一般的出人意料之外！所以人生也是一門最大的學問，如何活得快樂、活得精采、活得有意義，可能是每個人所要面對的問題。

　　二十一世紀，資訊媒體的過分渲染與報導，或許您已經看過太多失敗的人生，您更害怕自己的人生也會暗淡無光。有很多成功的人會告訴您，要如何努力，可是當您正要努力效法時，卻又有人告訴您更新的方法，更無奈的是，世界變化得實在太快，讓您無所適從！

　　您常常會發現才剛剛買的新款手機，馬上又降價，宣佈新品上市；走在街上，莫名其妙

又發現自己住家附近最近又開了幾家新店，但很不幸的，也有幾家店關門大吉；求職找工作，好像更是艱難，不是工作不合自己所學，再不然就是工作壓力太大，沒有好的工作環境；有些中年失業的勞工，更感慨工作難求；當老師的發現，新時代的學生頗為難纏，書本知識，已不是學生所最感興趣的，相反的，老師更必須不斷求取自己的知識，現學現賣；做生意的商人，也大嘆經濟不景氣，好像使盡了千方百計，就是吸引不了顧客上門，似乎顧客也越來越會精打細算，而網際網路的來臨，讓顧客成為老大，貨比千家絕不吃虧。所以環境的快速變化，常常會讓我們的生活備感壓力，充滿挑戰、充滿變化，我們總覺得有做不完的事，有學不完的東西。

可是不知道您有沒有想過？您今天為什麼生活會這麼忙碌，這麼沒有秩序呢？到底是什麼原因呢？這些難道都是環境帶給我們的影響嗎？還是我們自己選擇這樣的生活，或者，這是我們不懂得如何去經營與管理我們的生活呢？

記得有一次去台東鄉下旅行，一路上發現生活在那裡的居民，生活到也過得輕鬆自在，靠著農耕、放牧、養殖或是經營一些名產店為生。後來，我在回家的路上便想：這些生活在鄉野的小民，一定沒有體會過我們城市人，挑燈夜戰、加班或是緊湊忙碌的都市生活，而我們城市人，可能也很難去體會，在田野間種田、放養牛羊，與世無爭的鄉村生活。而我更發現，在城市裡生活久的人，非常嚮往鄉野生活的優閒，所以總是花了錢到鄉間度假，可是您可曾想過那些住在鄉野的居民，可是不必花半毛錢就天天住在那裡，難到鄉村田野就真的那麼令人嚮往嗎？我想也不盡然，很多鄉下的人，更嚮往著城市裡的繁華，也有不少人，想盡辦法要到都市發展，人生往往就在「坐這山，望那山」的遺

憾心情中度過，卻很少有人能真正「坐這山，看這山」，享受眼前這座山真正的美景。

　　人生永遠要學習的一件事是去了解自己。人心的難測、人的貪心、人的狂妄自大、無知與懦弱，這些都為我們的人生帶來了很多的迷惑、失望、恐懼與不安。所以孔子才說「四十而不惑」，「七十才能心有所欲而不越矩」，而這個「不惑」與「不越矩」，恐怕是我們一輩子都應該要努力去學習與了解的。所以要掌握自己，先從學習了解自己開始，不斷學習，人生才會有意義！否則，茫茫然像鄉野間的小民，忙忙碌碌地過了一生，我們雖不能說他們生命沒有意義，然而最怕的，就是文明所帶來的衝擊，讓這些人對原本的生活意義充滿疑惑？如果人生沒有一個智慧的引導，不能學習快樂地適應環境，快樂地享受現在的生活，享受生命的喜悅，那麼不論是鄉野生活，或是都市生活，人生永遠都會充滿了許多遺憾！

　　有一故事說得更好，它說，有一個不釣大魚的漁夫，他常常去釣魚，但每釣上一條魚，就拿尺量一量。只要比尺大的魚，他都丟回河裡，其他釣客不解地問：「別人都希望釣大魚，為什麼只有您將大魚都丟回河裡呢？」這位漁夫輕鬆地回答：「因為我家的鍋子只有尺這麼長，太大的魚裝不下。」我想人生要學習如何丈量自己的鍋子，釣幾條適合自己的魚，或許人生最快樂的事，便是親自享用自己所烹煮的豐盛晚餐吧！

第1顆鑽石　健康——擁有健康，才能享受人生。

第2顆鑽石　　家庭──幸福的家庭是人生的起點。

第3顆鑽石　財富——懂得運用財富，才能創造真正的價值。

第4顆鑽石　科學——了解科學的內涵，會讓人生更理性。

第5顆鑽石　藝術——接觸藝術，人生將更豐富。

第6顆鑽石　哲學──擁有哲學的思考，人生就是彩色的。

第7顆鑽石　宗教——人生無常，了解宗教會讓人生更開闊。

第5顆鑽石　學習——唯有不斷學習，才能迎向人生各種挑戰。

106-□□
台北市新生南路3段88號5樓之6

揚智文化事業股份有限公司　　收

□□□-□□

地址：　　市縣　　鄉鎮市區　　路街　段　巷　弄　號　樓

姓名：

葉子
Leaves
Publishing

書號 L1104　　書名 人生的8顆鑽石

葉子出版股份有限公司

讀 · 者 · 回 · 函

感謝您購買本公司出版的書籍。

為了更接近讀者的想法，出版您想閱讀的書籍，在此需要勞駕您
詳細為我們填寫回函，您的一份心力，將使我們更加努力！！

1.姓名：＿＿＿＿＿＿＿

2.性別：□男 □女

3.生日／年齡：西元＿＿＿＿年＿＿＿月＿＿＿＿日＿＿＿歲

4.教育程度：□高中職以下 □專科及大學 □碩士 □博士以上

5.職業別：□學生□服務業□軍警□公教□資訊□傳播□金融□貿易
　　　　　□製造生產□家管□其他＿＿＿＿＿＿＿

6.購書方式／地點名稱：□書店＿＿＿＿□量販店＿＿＿＿□網路＿＿＿＿□郵購＿＿＿
　　　　　　　　　　　□書展＿＿＿＿□其他＿＿＿

7.如何得知此出版訊息：□媒體＿＿＿□書訊＿＿＿□書店＿＿＿□其他＿＿＿

8.購買原因：□喜歡讀者□對書籍內容感興趣□生活或工作需要□其他

9.書籍編排：□專業水準□賞心悅目□設計普通□有待加強

10.書籍封面：□非常出色□平凡普通□毫不起眼

11. E－mail：＿＿＿＿＿＿＿＿＿＿＿＿＿＿＿＿＿＿＿＿＿

12喜歡哪一類型的書籍：＿＿＿＿＿＿＿＿＿＿＿＿＿＿＿＿＿＿

13.月收入：□兩萬到三萬□三到四萬□四到五萬□五萬以上□十萬以上

14.您認為本書定價：□過高□適當□便宜

15.希望本公司出版哪方面的書籍：＿＿＿＿＿＿＿＿＿＿＿＿＿＿＿

16.本公司企劃的書籍分類裡，有哪些書系是您感到興趣的？

□忘憂草（身心靈）□愛麗絲（流行時尚）□紫薇（愛情）□三色堇（財經）

□ 銀杏（食譜健康）□風信子（旅遊文學）□向日葵（青少年）

17.您的寶貴意見：

＿＿＿＿＿＿＿＿＿＿＿＿＿＿＿＿＿＿＿＿＿＿＿＿＿＿＿＿＿＿＿＿＿

☆填寫完畢後，可直接寄回（免貼郵票）。

　我們將不定期寄發新書資訊，並優先通知您

　其他優惠活動，再次感謝您！！

Leaves Publishing

根
以讀者為其根本

莖
用生活來做支撐

葉
引發思考或功用

果
獲取效益或趣味